新\时\代\中\华\传\统\文\化
•知识丛书•

中华传统哲学

主编 ◎ 李燕 罗日明

海豚出版社
DOLPHIN BOOKS
中国国际传播集团

图书在版编目（CIP）数据

中华传统哲学 / 李燕，罗日明主编. -- 北京：海豚出版社，2022.12
（新时代中华传统文化知识丛书）
ISBN 978-7-5110-6167-6

Ⅰ.①中… Ⅱ.①李… ②罗… Ⅲ.①哲学－中国－通俗读物 Ⅳ.① B2-49

中国版本图书馆 CIP 数据核字（2022）第 208397 号

新时代中华传统文化知识丛书

中华传统哲学

李 燕 罗日明 主编

出 版 人	王 磊
责任编辑	张 镛
封面设计	郑广明
责任印制	于浩杰 蔡 丽
法律顾问	中咨律师事务所 殷斌律师
出 版	海豚出版社
地 址	北京市西城区百万庄大街 24 号
邮 编	100037
电 话	010-68325006（销售） 010-68996147（总编室）
印 刷	艺通印刷（天津）有限公司
经 销	新华书店及网络书店
开 本	710mm×1000mm 1/16
印 张	10
字 数	85 千字
印 数	5000
版 次	2022 年 12 月第 1 版 2022 年 12 月第 1 次印刷
标准书号	ISBN 978-7-5110-6167-6
定 价	39.80 元

版权所有，侵权必究

如有缺页、倒页、脱页等印装质量问题，请拨打服务热线：010-51059905

序　言

提到哲学，你会想到什么？提到中华古代哲学，你又会想到什么？

曾有一段时间，在一些人——不仅仅是外国人——的眼中，中国是没有哲学的，一切逻辑严密成体系的哲学理论都源自西方。从苏格拉底、亚里士多德到培根、康德、马克思、弗洛伊德，西方的哲学家和哲学思想层出不穷，而拥有上下五千年历史的中国，似乎没有一个可称得上哲学先驱的人。

事实上，认为中国古代没有哲学家、没有哲学的人，是以一种非常狭隘的眼光去看待哲学的。客观来看，哲学可以分为两种：一是以"人如何认识世界"为研究命题的思维科学类哲学；二是以"人与人的社会关系"为研究命题的社会科学类哲学。

这两种类型的哲学，中国古代的思想家们都有研究，先秦时期的天命观、西汉董仲舒的天人感应说、王充的元气论、王夫之的"实有"范畴等都是对"人如何认识世界"这一命题的探讨；至于对"人与人的社会关系"的研究就更丰富了，如儒家的"仁义"、老庄的"无为而治"、墨家的兼爱非攻、法家的以法治国、纵横家的权谋等。

所以说，中国是有自己的哲学的，并且这些古代的哲学思想和理论对于我们今天也有着非比寻常的意义，是值得我们去了解和学习的。

中华传统哲学重视个人修养和理想人格的培养，有助于青少年塑造高尚的品格和情操。

中国古代的哲学学派都非常重视个人的德行修养。儒家认为，人只有具备完整的知识体系，才能拥有完善的理想人格，因而提倡要努力学习求知。孔子是这一主张的积极践行者，他以学习为乐，《论语·述而》中有这样一段话："饭疏食，饮水，曲肱而枕之，乐亦在其中矣。不义而富且贵，于我如浮云。"

中华传统哲学对"义"与"利"的关系有着清晰的认知，这对于青少年如何面对和正确解决义利矛盾具有参考价值。

古代的思想家们对于义利问题的探讨非常广泛。孔子认为义重而利轻，两者是相对的两个极端；墨家却认为义利一体，人人都获利就能催生义的产生；庄子反对争利，尤其是通过不正当手段获利……各家观点不尽相同，但是却有一个基本的共识：反对一切以危害他人、社会、国家为前提的利益获取。现实生活中，我们的个人利益不免会与他人、集体的利益产生冲突，这种情况下，属于我们个人的正当权益要努力争取，当然必要时，更要有为集体利益牺牲个人利益的精神。

几千年来，中华传统哲学始终潜移默化地影响着炎黄子孙，它不仅对中华民族精神的形成有重大影响，也对世界文明的进步起到了推进作用。了解中华传统哲学，接受中华传统哲学思想中精华内容的熏陶，对于我们陶冶情操、提高思想境界有着积极意义。

目 录

第一章　哲学是一切文化思想的纲领

一、哲学在中华文化中的地位 / 002

二、中华传统哲学的精神 / 006

三、中华传统哲学与诸子百家的渊源 / 010

四、中华传统哲学的发展历程 / 013

五、中华传统哲学的理论特征 / 017

六、为什么要学习中华传统哲学 / 021

第二章　儒家：天人合一，知行相辅

一、儒家与社会、个人发展 / 026

二、天人合一的宇宙观 / 030

三、关于天人关系的进一步论述 / 034

四、善善恶恶的人性论 / 038

五、知行相辅的认识论 / 041

六、社会本位论的形成 / 045

第三章　道家：自然万物，有道可循

一、道之道：道与万物 / 050

二、无之道：虚无思想与玄学论 / 053

三、无为之道：顺乎自然以为治 / 056

四、黄老之道的主要内容 / 060

五、道家之学派分流 / 063

六、道教和佛教的关系 / 067

第四章　墨家：兼爱非攻，义利共存

一、兼相爱，交相利 / 072

二、对孔子"仁义"的反驳 / 075

三、反"攻"扬"诛" / 078

四、墨子提出的"三表"标准 / 081

五、"循所闻而得其意"的认识论 / 084

六、"辩论"的基本逻辑原则 / 087

第五章　法家：善用人性，以法治国

一、好利恶害、趋利避害是人之本性 / 092

二、诚信是天下行为准则的关键 / 095

三、"利""义"与"法"的关系 / 099

四、法治之重法、重势、重术 / 102

五、法家与儒家、道家 / 106

第六章　兵家：用兵有道，百战不殆

一、兵家思想渊源：道家对用兵的论述 / 110

二、兵道：用兵当以道为本 / 113

三、认识论——知彼知己 / 116

四、军事辩证法的具体应用 / 120

第七章　其他各家代表性哲学思想

一、医家：药王孙思邈的哲学思想 / 126

二、名家：濠梁之辩与白马非马 / 130

三、杂家：《吕氏春秋》中的哲学 / 133

四、农家：从农业认识世界 / 137

五、纵横家：无鬼神，重实践 / 141

六、阴阳家：研究阴阳五行的学派 / 145

第一章

哲学是一切文化思想的纲领

一、哲学在中华文化中的地位

在中国，哲学是每个受到教育的人都会关切的问题，不管是有意识的还是无意识的，因为哲学在中华文化中无处不在。

古代时，《易经》被尊为群经之首，《道德经》被称为万经之王，这两者都是中国古代哲学思想集大成者；一个人入学首先要受到的就是哲学启蒙，学生最先学习的书籍就是儒家四书。直到今天，孩童识字也不会脱离《三字经》的"人之初，性本善"，高等院校对于辩证唯物论依然非常关注。

可见哲学对于中国人的影响及其在中华文化中的重要性。

中国当代哲学家冯友兰曾说："哲学在中国文化中的地位，历来可以与宗教在其他文化中的地位相比。"

宗教作为一种文化形态，对全世界各民族文化的发展都有着重要影响，甚至可以说每一个民族文化的形成都是以宗教思想为核心或基础的。

那么，宗教究竟是什么呢？或者说如何理解宗教文化呢？对于这个问题，不同的人有不同的答案，冯友兰给出的解释是：任何一种大的宗教，它的核心部分必然包含哲学。从这一层面来说，宗教可以看作是某种哲学加上一定的上层建筑，包括迷信、教义、礼仪和体制等。

那么，哲学又是什么呢？哲学又该如何去理解呢？简单来说，哲学就是一种遵循严密逻辑的宇宙观，它研究宇宙的性质和天地万物的演化规律，是认知真理、反思人生的学问。

哲学与宗教既有联系，也有区别。放在宗教中，哲学是其理性的探究性的部分，而其余的则是形式上的虚幻性的内容。但同时，哲学又有属于自己的体系，是一门独立的学科。

前面提到，每一个民族文化的形成都是以宗教思想为核心或基础的，但是在不断发展的过程中，宗教的地位却发生了变化。有些民族在民族宗教形成以后，其文化传统就始终以该宗教为核心，将宗教文化与民族文化融为一体，如犹太文化。有些民族则是在宗教与人文理性的动态结合中形成具有本民族特色的文化传统，但在其中，也有以宗教精神为主导的，如西方文明；也有以人文理性为主导的，如中华文化。

也就是说，中华文化源自宗教思想，且在早期宗教一直居于核心地位，但是随着历史的发展，宗教中关乎鬼神、神道的内容在中华文化中占据的分量越来越低，人道、理性的部分则越来越多，而这一部分的核心就可以看作是哲学。如我国周代时，就对夏商时期的国家宗教进行改造，形成了融神道、人道于一体且具有浓厚人文色彩的"礼乐文化"。从周代礼乐文化中孕育而生的儒学，逐渐成为中华文化的核心，直到现在也依然有着强大的影响力。

原来，许多西方人认为，儒、道、佛是构成中华传统文化的三种宗教，渗透到中国人生活方方面面的儒家思想，俨然是一种宗教思想，"四书"对于中国人而言就如同西方人心目中的《圣经》。

事实上，这种认识是不准确的。如果说儒教、道教、佛教，那的确属于宗教范畴，但是儒家、道家、佛家却是中华传统哲学的重要组成部分，儒家思想中理性的部分居于上乘，"四书"中没有上帝创世和天堂地狱。

从"教"和"家"的区别来看，道家哲学认为万物有生死，面对死亡，要顺其自然；而道教却倡导探寻长生术，两者是完全不同甚至是相互矛盾的。

第一章　哲学是一切文化思想的纲领

中华民族没有将宗教思想和活动当成生活的一部分，这是因为中国人的目光主要被哲学吸引了过去。中国人通过哲学，找到了超脱现实的心灵境界的存在，体验并表达了超越伦理道德的价值，并在这一过程中获得了无限的乐趣，发展出了更丰富多彩的文化。

所以我们说，哲学在中华文化中的地位是极其崇高的，是纲领一般的存在。

二、中华传统哲学的精神

要想知道中华传统哲学的精神，就必须先了解哲学精神是什么。我们知道，哲学是对宇宙、时间、万物包括人生的探索和反思，而哲学精神，就是指人在这一过程中的价值追求，对宇宙、社会、人生的意义把握。

中华传统哲学的精神是中华传统哲学历史进程中的一个主流，它体现在历代哲学家们致力于关注和解决的问题、渴望达成的追求和目标上。

哲学中认为，人生最高的成就即"成圣"，而成圣的最高境界就是"天人合一"，也就是个人与宇宙融为一体。要达成这样的目标，人们必须面对一个问题，那就是如何处理个人与社会的联系。换言之，成圣是否需要抛弃社会，完全脱离现实呢？

对于这个问题，不同的哲学家有不同的看法。有一种

第一章 哲学是一切文化思想的纲领

哲学认为，人世是痛苦的根源，身体是灵魂的监狱，生命是赘疣，唯有脱离这些，人才能真正获得解脱，这被称为出世的哲学。

还有一种哲学观点则与之完全相反，秉承着这种观点的哲学家们更关注现实社会中的人事和人际关系，他们将道德伦理价值作为最主要的探讨内容，之外的东西很少去关注。这种哲学被称为入世的哲学。

大多数人认为，中华传统哲学是一种入世的哲学。的确，中华传统哲学无论是哪一学派，从诞生早期就已经开始关注现实社会的问题，直接或间接地关切政治和伦理道德。如儒家对"仁义礼智信"的倡导、对人性善恶的论述，道家对人与自然关系的研究，墨家对战争的理解、对爱与利关系的探讨，法家对法治的提倡等，都是立足于解决现实问题之上的。

正如冯友兰所说，中华传统哲学主要关心的是社会，而不是宇宙；关心的是人际关系的日常功能，而不关心地狱或天堂；关心人的今生，而不关心他的来生。

古代哲人在思考

但是，如果仅凭此就果断地将中华传统哲学归到"入世"的行列，也是不准确的。中华传统哲学在"入世"之外，也有着"出世"的精神，这样才不至于过于肤浅和局限。换言之，中华传统哲学是一种既出世又入世的哲学，它的最终目的就在于如何使这两个内容达到一种和谐统一的状态。

中国人研究哲学，并不是只为了获得哲学知识，而是要通过这样一种不断思索的方式获得新的生命体验和精神追求，最终带着这些获得回归现实，重新面对和解决问题。而只有将出世和入世相结合，获得才会客观全面，不至于过度偏向某一个极端。正因如此，中华传统哲学的很多精神都对现实世界的发展起到了良好的促进作用。

如忧患精神。忧国忧民、未雨绸缪的忧患意识，是一种促进民族凝聚、个人奋进的精神动力，它将个人的理想抱负、勇气决心与民族、国家甚至世界的发展联系在一起，促使全人类共同进步。

如人本精神。人本精神即以人为本，尊重人的自我意识，肯定人在自然中的地位、在社会中的价值，并以此为前提解释一切问题。人本精神，充分肯定人的价值，指导当权者对人民的合理统治，使人在社会中的作用得以充分发挥。

第一章　哲学是一切文化思想的纲领

　　如和合精神。和合精神，承认事物的多元性，讲究在矛盾碰撞中寻求和谐。人与人之间，人与物之间，都会不可避免地产生矛盾，和合精神指导人们在冲突中寻求和谐，进而达到和合。我们如今提倡的和谐社会从某个方面也可以看作是和合精神的体现。

　　中华传统哲学精神是中华民族长期面对恶劣的自然环境、复杂的社会环境、错综的人物关系以及孤独无助的处境，从中探索出来的一种对生命价值和意义的重建，是中国人的终极精神追求。

三、中华传统哲学与诸子百家的渊源

中华哲学主要是由儒家、道家、法家等流派的哲学以及近代引进并发展的马克思主义等西方哲学组成，分为古代哲学和现代哲学。而中华传统哲学包括的内容很多，其主要思想内容是诸子百家哲学。

中华传统哲学是包含上古哲学、诸子百家哲学、封建哲学在内的，以诸子百家哲学为主要思想内容的哲学。

上古哲学，是指中国奴隶社会的哲学思想。此时的哲学尚处于萌芽阶段，并没有完全脱离原始宗教，主要体现在阴阳五行观念上，即对自然现象和人类生活的初步观察和认识。

诸子百家哲学主要包含儒家、道家、法家、墨家、纵横家、兵家等流派，其中以儒家、道家、墨家、法家为

第一章 哲学是一切文化思想的纲领

重，四者之中，儒家哲学又占据最重要地位。

"百家"的哲学课题主要是围绕王道与霸道、礼治与法治、性善与性恶等关乎政治纲常、伦理道德的内容，以及古今、天人、义利、名实、生死、宇宙起源等问题。这些问题中，天人关系是诸子研究的对象，包括天的本质是什么，天对于人的作用是怎样的，人与天是分离的还是融合的，如何达到天人合一的境界……

"百家"在讨论阐述这些问题的过程中逐渐形成了自己的哲学观点，并且为验证自己的观点不断进行探索和反思，由此使得哲学的内容更加丰富。比如，儒家对知、行关系的论述，道家对道的本质的理解，法家对法治程度的研究等。

先秦哲学探讨的重点是政治、伦理、道德、人生等现实问题，其所传达出的思想对中国人的普遍伦理道德，对中华文化的价值有着深刻的影响，为中华哲学奠定了基础。

封建哲学，是指中国进入封建社会之后的哲学，以先秦儒家哲学为代表，主要包括两汉经学、魏晋玄学、隋唐佛学、宋明理学等。

《春秋》古书

经学即对儒家经典书籍《诗经》《尚书》《礼记》《周易》《乐经》《春秋》的研究。两汉经学的内容，主要包含董仲舒的"天人感应"说和"王承天意"的神学目的论以及与之相对应的王充的"元气自然论"。前者认为天和人能互相感应，自然灾害与统治者的错误相关联；后者认为天与人之间是自然共存的，天不会根据人的作为来谴告人，人也不能用行为来感动天。

魏晋玄学以《周易》《老子》《庄子》为"三玄"，主要讨论名教与自然、本末、有无、动静、一多、语言和思想以及精神与肉体的关系。

隋唐佛学探讨的中心议题之一是心、性问题，涉及道德观、社会观、认识论以及人的心理活动、感觉经验和宗教实践等。

宋明理学是宋明两代出现的以儒家思想为主，兼有佛、道思想的哲学形态，主要有程朱（程颐、程颢、朱熹）理学、陆王（陆九渊、王阳明）心学和张王（张载、王夫之）气学三大流派。宋明理学探讨的内容非常广泛，包括宇宙论、境界论、人生论、修养论、知行观等。

近现代，很多哲学家对中华古代哲学探讨的课题以及其本身进行了深入的研究，并取得了一些成果，这些成果和古代哲学都可以看作是中华传统哲学的组成部分。

四、中华传统哲学的发展历程

中华传统哲学的源头可以从《周易》中找到答案。《周易》是阐述天象地理万物变化的经典哲学著作，是远古文明的产物，其中记载的"阴阳""五行"观念称得上是中华哲学思想的萌芽。

中华古代哲学最初是从原始宗教中逐渐分化出来的，在原始社会时期就已经孕育出了胚芽。

人类社会早期，中华先民在生活劳动的过程中就对自然有了初步的认识，但由于生产力低下和知识的匮乏，对于很多自然现象无法解释，就以神鬼相论，便产生了原始宗教。随着农业和畜牧业的发展，人们开始对自身以及常常发生的自然现象有了更深的认识，因此产生了原始的阴阳、五行观念，这在《周易》中有记载。

原始先民通过观察自然万物，概括出天地、雷风、水火、山泽以及鸟兽的牝牡、草木的雌雄、人类的男女等对立现象，将"阴"与"阳"看作是宇宙间的普遍对立。五行即水、火、木、金、土，反映的是先民们对于满足衣食住行所必需的物质材料和性能的认识，具有唯物论的因素。

进入奴隶社会后，中华古代哲学真正开始了它的发展历程。中国奴隶社会的哲学经历了殷及西周、春秋、战国几个阶段，它于殷周之际萌芽，成形于春秋，在战国走向繁荣，《庄子·天下篇》对此有所论述。

中国史学界普遍认同商（殷）是中国历史上的奴隶制时代。商代后期以六旬为循环的纪日法是中国历法的基础，《诗经·商颂》说"帝立子生商"，商朝统治者自诩为上天的子孙。历法与天象神话相伴随，祭祀观念又与禋祀祖先相联结，"礼"由此形成。

周人的哲学思想可以概括为"以天为宗，以德为本"，将宗教观念与人文伦理相结合，形成了具有浓厚人文色彩的"周礼"。

周朝后期，政权衰落，社会矛盾加剧，伴随着孔子、墨子开创私学，道、法、名、阴阳各家并兴，哲学也在动荡中走向新局面，唯物主义思想在这一时期获得了极大发展，具体表现是对人力的推崇和对神力的否定。

秦以后，中国进入封建社会时期。这一时期的正宗哲

第一章　哲学是一切文化思想的纲领

学以儒家哲学为代表，道家和佛家的哲学也有很大影响。

自汉武帝接受董仲舒的建议，罢黜百家，独尊儒术，经学的统治地位逐渐形成，儒家思想成为主流。由于政治上迫切需要对王权神圣不可侵犯的理论论证，董仲舒的天人感应论和王承天意的神学目的论就成了官方正统哲学。

到三国两晋南北朝，门阀士族成为统治阶级，他们崇尚《周易》及老庄思想，喜好讨论有无、本末、阴阳、形名等玄理，号称"三玄"。玄学统治期间，经学并未中绝，尤其在北方，仍有不小的发展。

佛教自汉代入中国后，在隋唐时期出现繁盛局面，这一时期的统治者开始采取儒道佛并用政策，强化思想统治。简单来说，佛学包括理论和宗教两方面，理论即哲理，宗教即佛教，即各种仪式、信仰对象等。当然佛教盛行期间也有坚定的反对者，比如信奉儒家天命论的韩愈。柳宗元、刘禹锡则提出"天与人交相胜""还相用"的观点，对天人关系做了新的唯物主义总结。

宋明时期，哲学上出现了程朱理学和陆王心学。宋明理学以儒家思想为主，继承了传统的唯心论，并改造吸收了佛教的某些成分，形成了系统的唯心主义体系，是儒家思想发展的第二次重大转折。而王夫之、戴震等人在抨击宋明理学的过程中，认真审视并总结了各派哲学，将中华传统哲学推向了高峰。明以后，思想家们大都将理学看作虚学，反对空谈心性，提倡经世致用。

中华传统哲学的发展是一场漫长而又精彩的征途，是中华民族智慧的展现，是古代哲学家们思想的闪耀。

五、中华传统哲学的理论特征

中华传统哲学讨论什么样的问题，具有怎样的理论？哲学家们的思想基础是什么？……这些问题都是我们在真正学习传统哲学之前需要明确的。

中华传统哲学作为中华传统文化的核心内容，具有丰富的理论内涵和鲜明的理论特征，了解这些理论及其特征有助于我们更好地学习传统哲学的内容。

宇宙起源

传统哲学对世界本原的讨论包括两个方面：一是世界因何而起或者说世界最初是由什么构成的；二是世界存在以及发展变化的依据是什么。

古代哲学家对于这一问题是较为关注的，由此发展出了众多观点，包括天本论、道本论、气本论、无本论、理本论、心本论以及以太说。

天人关系

对宇宙起源的探究延伸出对人与天关系的论述，在相当长的一段时间内，儒家天人合一的宇宙观都是以意志天和人格神为思想基础的，所谓意志天和人格神指的就是天和神有着像人一样的情感和意志。天人合一的观念具体表现为天人感应论、神人通感的天命观。随着无神论的兴起，天道自然论和天道予我论开始占据主流。

知行关系

知与行，即认知和实践。对知行关系的思考源于孔子，孔子提出"行有余力，则以学文"，认为行比学更重要。荀子继承了孔子的观点，将"行"引入认识论，提出行比知重要。道家老子则完全否认行对知的意义，表示"不出户可知天下"。墨家墨子提出行为有衡量检验知识的作用。程朱理学明确了知与行的先后关系，认为"先知后行"，王阳明则表示"销行以归知"，王夫之将知行观推到最高阶段，提出"知行相资，由行致知"。

形神关系

形即形体、肉体，神即精神、灵魂。这一课题由荀子率先关注，他提出"形具而神生"。到了魏晋时期，哲学家们对于形神关系的认识形成了两个派别：其中一派认为形神是分离的，精神主宰肉体，在肉体消亡后可以独立存在；另一派认为肉体是精神存在的前提，形灭神灭。

名实关系

名实，即名称和实物。孔子提倡"正名"，即名实相符。墨子注重实物，认为空论名称概念毫无意义。道家认为名不可以代表和阐述实物。名家强调概念的确定性。荀子主张实同则名同，实异则名异。

动静关系

哲学家们大都肯定天地万物的运动和变化，但在动静两者何为主、何为本的关系上有不同的认识。这主要由道儒两家引导，道家主静，儒家主动。老子认为"归根曰静，静曰复命"，表示静是动之本。王夫之的"静即含动，动不舍静"和"静者静动，非不动也"是儒家动静观的最高成就，他以动为本，把静视作动的一种形式，认为动静相互包含，不可分离。

古今关系

古代哲学家对于历史变迁主要有三种观点，即历史退化论、历史进化论和历史循环论。老子主张历史退化论，推崇太古原始社会，希望重回结绳记事的年代；法家主张历史进化论，认为历史是不断向前发展的；主张历史循环论的代表性人物是战国时期的邹衍，他认为历史朝代是按照金木水火土的原则循环演进；汉代的董仲舒提出"三世说",认为历史按照"有见、有闻、有传闻"周而复始。

有无关系

"有无"在中华古代哲学中有两种不同的含义:一是从"形"与"名"的基础上来说的,"有"即有形有名,"无"即无形无名;二是从存在与否的层面来说的,"有"即存在、实有,"无"即不存在、虚无。"有无"这对范畴最早见于《老子》,道家老庄认为"无"是万物的本原。魏晋玄学的代表性人物何晏和王弼将道家"有生于无"的观点深化,主张"贵无贱有"。西晋哲学家则反对何晏和王弼的"无中生有",提出"无不生有"。宋明时期,张载、王夫之等人将"有无"看作是气之聚散的不同状态,认为"有无无异""无也是有"。

六、为什么要学习中华传统哲学

提到哲学,你首先想到的是什么?是马克思主义还是政治考试?很多人只把哲学当作一个考试科目,还有一些人认为中国根本就没有哲学,实际上这些认识是非常局限的,而学习中华传统哲学就能让我们改变这些偏见,真正地认识哲学,认识中华哲学。

事实上,如今在西方很多高校都有特定的中华传统哲学课程,外国人都如此重视中华传统文化的学习,我们身为华夏子孙,还有什么理由不去学习呢?

当然,学习中华传统哲学并不是出于自尊心的攀比,而是因为它真的对我们有用,正如一位讲授中华传统哲学的教授对他的学生所说:"这门课程可以改变你的生活。"

从中华传统哲学中学习道德修养与外在事功相统一的内圣外王之道,促使自我实现个人理想、价值最大化。

"内圣外王"一词，源于《庄子·天下篇》。内圣，是指人修养道德、提升德行的能力方法；外王，就是让能力、德行发挥出作用，凭借于此建功立业，有所作为。简单来说，就是修身、齐家、治国、平天下。

中华传统哲学将"内圣外王"视为最高的政治理想，为古代知识分子们指明了前进的方向。而这种理想追求放到今天来看，也依然是可取的，它与如今我们倡导的社会主义核心价值观本质上是相同的——要将家国天下与个人的道德修养、理想价值联系在一起，通过个人理想的实现为祖国的繁荣、社会的进步做出贡献。

从中华传统哲学中学习贵和尚中、和而不同的和谐精神，有助于我们更好地进行社会生活。中华传统哲学中蕴含的和谐思想强调的是中正和合、均衡协调，虽然以和为贵，但并不否认矛盾的存在，它是一种求同存异，在矛盾中寻求统一的价值观念。这样的和谐精神，我们在社会生活的各个领域都需要，比如与大自然的和谐共存，与同

第一章 哲学是一切文化思想的纲领

学朋友的友好相处，对学习、工作中各个事项的规划处理等。

从中华传统哲学中学习阴阳互补、动静相生的辩证思维，有助于我们打破考虑和解决问题的思维局限。中国古代思想家从很早就开始用对立统一的思维来观察自然、认识世界了，他们所用的思维模式对于今天的我们来说也具有很高的参考价值。这些模式主要有整体思维、阴阳思维、象数思维、中庸思维以及实用性思维。

除了以上提到的三点，中华传统哲学中还有很多精华内容值得我们去学习和探究。中华传统哲学是中华传统文化的精华，在中华传统文化发展的过程中，中华传统哲学始终占据着主导地位，不管是实用性的科技，还是包含着精神力量的文学；不管是农业生产，还是国家治理、社会规划，哲学对它们的影响都是非常深入的。

对于中华传统哲学的了解和把握，不仅能丰富我们的学识，还能帮助我们更好地面对和处理现实中的问题，让我们收获更加美好的生活。

第二章

儒家：
天人合一，知行相辅

一、儒家与社会、个人发展

儒家，也称儒学、孔孟思想等，是由孔子创立、孟子发展、荀子集大成并在当今依然有生命力的学派，其思想以"仁、义、礼、智、信、恕、忠、孝、悌"为核心，富于入世理想与人文主义精神。

"儒"本是指在春秋时期从巫、史、祝、卜中分离出来的，因熟悉诗书礼乐而负责天文、医术、祭祀、占卜、编史等工作的人。一些学者认为儒家是从商周时代的巫师演化而来的，孔子也曾说"吾与史、巫同涂而殊归也"，表明自己的确是源自史官、巫师一类，不过最终走向了不同的发展方向。孔子也指出了这个不同的根本所在："吾求其德而已。"

孔子赋予了"儒"新的内涵，从他开始，"儒"逐渐脱离了"巫"的知识范围，成为一个代表礼乐传统、重视人伦五常、倡导德治精神的名词。

第二章 儒家：天人合一，知行相辅

作为古代具备先进思想的教育家，孔子首开私人讲学风气，受到多人拥护，人称"弟子三千，贤人七十二"。孔子和弟子们推崇并发展西周的礼乐传统，将古代被贵族所垄断的知识和礼仪传播至民间，逐渐形成了具备完整思想体系的儒家学派。

儒学以仁、义、礼、智、信为行为准则，注重维护君臣、父子、夫妻、兄弟、朋友的伦理关系，并以此作为人伦纲常。

儒学倡导的五常，仁是最基本的社会伦理范畴，位于五常之首，其意为亲和，指人与人之间互相亲爱、互相帮助，正所谓"仁者，爱人"。

义，即公正，合乎礼仪。孔子认为"义"就是适宜，人的行为符合周礼和道德；孟子继承孔子的观点，做了进一步阐述："义"就是人的"羞恶之心"，对于己身的不当行为感到羞愧，对于他人的不当行为感到憎恶。

礼并非讲礼貌、有修养，而是指人与人相处的上下有别、尊卑有序，包括古代礼法、礼俗以

长幼有序是为礼

及礼仪三个方面。

智也作"知",既指对知识的掌握,也指道德领域明辨是非的能力,即智慧、智谋。儒家非常重视"智",认为智是实现仁、义的重要手段,孔子曾明确提出"知、仁、勇,三者天下之达德也"。

信,即诚实守信,不虚伪,儒家将"信"作为个人立世、立国治国的根本,如《大学》中所讲:"君子有大道:必忠信以得之,骄泰以失之。"

所谓五伦,即中国古代的五种人伦关系和关系准则,一般表述为父子有亲,君臣有义,夫妇有别,长幼有序,朋友有信。而"亲、义、别、序、信"五种关系准则与五常也有所对应,亲为仁,义为义,信为信,序、别为礼。

儒学的哲学以国家社群的维护及个人修养的实践为主要关注内容,以周文化的社会哲学思想作为价值意识的根本基础。儒家学派的代表性人物孔子、孟子、荀子都不断地提出各项关于社会、政治、经济和伦理的观点,包括上述的五常、五伦也是其中的重要内容,这些都能在儒家的经典著作中找到渊源。

作为中国古代极有影响力的学派,儒家有着十分丰富的典籍,其中以《诗经》《尚书》《仪礼》《乐经》《周易》《春秋》为经典。儒家六经涵盖了儒家思想的精华,是中

第二章 儒家：天人合一，知行相辅

华传统文化的瑰宝，为历代所推崇。此外，《论语》《中庸》《孟子》《大学》等著作也是儒家极为生动的作品，其中阐述的"礼知"精神、善恶理论、中庸之道、修养功夫等都是儒家理论中的形而上学思想部分。

儒家理论，是有着深厚文化底蕴和哲理思想的学问，在中国古典文化思想流派中具有崇高的地位，因而能受到千百年的推崇并延续至今。

二、天人合一的宇宙观

儒家历来被认为是一种"入世"的学问,从思想上来看,它的哲学一直致力于让民众尊仁守礼,为君王提供治国之道。因而,在对宇宙的认识上,儒家也是从对人和社会的认知出发的。

"天人合一"思想起源于伏羲氏时代,《系辞下传》说:"古者伏羲氏之王天下也,仰则观象于天,俯则观法于地,观鸟兽之文,与地之宜,近取诸身,远取诸物,于是始作八卦,以通神明之德,以类万物之情。"

儒家的宇宙观是"天人合一"的理想主义,所谓"天人合一"就是指人与自然、万物融为一体,天、地、人三者的有机统一。

古代人很早就认识到宇宙万物和人类命运之上,有一个至高无上的创造和主宰力量,这种力量被称为"天"或

第二章 儒家：天人合一，知行相辅

者"上帝"。而在那时，天或上帝也就是所谓的"神"，天人关系也就是神人关系。

这种天人关系深深地影响着儒家对宇宙的认识，在相当长的一段时间内，儒家"天人合一"的宇宙观都是以"意志天"和"人格神"为基础的。

孔子最先提出"天何言哉？四时行焉，百物生焉，天何言哉"，意思是天何尝说话呢？但是四季照常更替，百物依旧生长。他又说"君子有三畏，畏天命，畏大人，畏圣人之言"，君子有三种敬畏，分别是天命、贤能之人和圣人的告诫。可见，孔子对于天有一种极强的敬畏之情，在他的眼中，天不仅是自然界，也是"神"，是有意志和权威性、主宰性的。

不过，孔子虽主张"生死有命，富贵在天"，但也认为"为仁由己，而由人乎哉""不知命，无以为君子也"，表示人的行为还在于人自己的决定，并不是完全由上天主宰的。

孔子"仁学"虽然依然受到天命观（相信神灵）的束缚，但却是一个重大转折，构成了中华传统哲学层面关于天人合一观念的最早形态。

随着无神论兴起，"意志天"和"人格神"受到严重质疑，原始形态的天人关系正式向哲学的方向演变，这种演变分为两个方向：一个是塑造道德之天，另一个是强调天道自然。

子思和孟子沿着道德之天的路线发展，主张天是道德本体。

子思，即孔伋，孔子之孙。子思发明"诚"，以为"天人"合一的基础，所谓"诚"，即诚实。

子思曰："诚者，天之道也；诚之者，人之道也。"他认为诚实是天道的法则，而做到诚实则是人道的法则。他又说："唯天下之至诚，为能尽其性；能尽其性，则能尽人之性；能尽人之性，则能尽物之性；能尽物之性，则可以赞天地之化育；可以赞天地之化育，则可以与天地参矣。"表示只有至诚能使人帮助万物发挥出本性，由此可以与天地一起共同培育生命。

孟子则认为"心"是天人合一的基础。孟子说："尽其心者，知其性也，知其性，则知天矣。"意思是人通过尽善心就能觉悟到本性，进而获知天命。

荀子沿着自然之天的路线发展，主张天道自然、人道

第二章 儒家：天人合一，知行相辅

有为。

荀子的天人观念充满了唯物主义的色彩，他说："天行有常，不为尧存，不为桀亡。""明与天人之分，则可谓至人也。"说的是，大自然的运行有其自身规律，这个规律不会因为尧帝的圣明或是夏桀的暴虐而改变。人明辨了自然界的规律并能据此采取合适的行动，就能称得上是圣人了。

孔孟、子思及荀子对天人关系、天命的理解是儒家"天人合一"观念的基础，也推动着中华传统哲学关于天人合一观念的发展。

三、关于天人关系的进一步论述

对于天人关系的探究,一直是儒家哲学中的重点,自孔子、孟子、荀子之后,历代儒家子弟始终非常关注这一课题,由此发展出了一系列理论学说。

在先秦儒家"天人合一"观念的基础上,西汉董仲舒率先集中论述了天人关系,并形成了两种理论。

一是宇宙图式论。董仲舒认为"天地之气,合而为一,分为阴阳,判为四时,列为五行"。又说"天道之大者在阴阳。阳为德,阴为刑,刑主杀而德主生"。他将阴阳作为宇宙演化的基本间架,指出了宇宙的结构组成及运行规则。

二是天人感应论,包含"天人同类说"和"灾异谴告说"两个学说。

天人同类说，即指天与人同属于阴阳，因此天和人可以互相感应。如董仲舒所言："天有阴阳，人亦有阴阳。天地之阴气起，而人之阴气应之而起；人之阴气起，而天地之阴气亦宜应之而起。其道一也。"

灾异谴告说认为自然灾害与统治者的错误有关系，是对人的警告，即"国家将有失道之败，而天乃先出灾害以谴告之。不知自省，又出怪异以警惕之。尚不知变，而伤败乃至"。

董仲舒的理论使得先秦以来的天人感应论趋于成熟，同时也为之赋予了更多神秘色彩，而王充、柳宗元、刘禹锡等人则对其进行了否定。

王充发明了元气论，认为天地是"气"的自然状态，人不能通过行为感应天，天也不能根据人的行为做出谴告，即"天地，含气之自然""夫人不能以行感天，天亦不能随行而应人"。

柳宗元主张气一元论，认为天地的本原是气这种物质，万物和一切现象的发生、发展及变化都是由气的运动变化造成的，天与人之间互不干预，即"庞昧革化，惟元气生""天人各行不相预"。

刘禹锡提出天人交相胜："天恒执其所能以临乎下，非有预乎治乱云尔；人恒执其所能以仰乎天，非有预乎寒暑云尔。"认为天与人各有其能，没有绝对的统治，彼此之间可以交相胜，指出了社会和自然的联系和区别，强调了人对自然的能动精神。

宋明理学是儒家哲学的最高理论形态，对宇宙论的研讨是十分广泛和丰富的。

北宋理学先驱周敦颐受阴阳五行与董仲舒天人感应的影响，提出了"太极""无极"的概念，以"五行""阴阳""太极""无极"构成宇宙图式，成为哲学的最高范畴。

北宋理学创始人之一张载继承并发展了"气一元论"，提出了"气不灭论"，加深了柳宗元气一元论的客观实在性，"凡可状皆有也，凡有皆象也，凡象皆气也"。

程颐、程颢和朱熹提出"理"，以此为天人合一的基础。

二程学说的核心是"天理论"，以"天理"为最高哲学范畴。二程的天理论共包含以下几个层次：一、理是超时空的、无比完满的实体精神；二、理是万物产生的根源，即"理者实也，本也"；三、理是世界运行的最高法则，如"天下之物，皆可以理照"；四、理是封建伦理道德的总称，所谓"理即是礼也"。

朱熹则认为太极就是万物之理，为宇宙之本，气与理

第二章 儒家：天人合一，知行相辅

并无先后，但理为本。

陆九渊、王阳明提出发展了"心学"，认为"心"就是理，"心"是天人合一的基础。陆王所指出的心即是理，并不是表面意思那么简单。他们所说的心是指"身、心、意、知、物"浑然一体后的心。如何理解呢？物即是外物、外界，身能感受到物（听、看），而心则能对此映照，意是身对物的感应，知是感应到的神明之处，当这几者融会贯通之后，人心就能澄明透亮，获知万物本质，这时的心才能称得上是理。

明末清初思想家王夫之根据张载以来的气本论，创建了"实有"范畴，以此为天人合一的基础。王夫之运用实有的范畴来规定物质世界的客观实在性，不再将气只看作是一种具体实物，而是把它作为物质世界一般属性的抽象概括，极大地促进了朴素唯物主义理论的发展。

儒家"天人合一"的思维方式是儒家学者智慧的结晶，至今对于我们思考人与自然的关系仍有积极意义。

四、善善恶恶的人性论

"人之初,性本善……"从稚嫩的童年开始,儒家对于人性的思考就已经走进了我们的生活,给我们以启迪,给我们以方向。

儒家创始人孔子的伦理思想核心即为"仁",孔子一生强调得最多的也是"仁"。何为仁?孔子说"仁者,爱人",即对人友善相亲。不过孔子对"仁"的讨论始终局限于"仁"的理论层面,即什么是"仁",如何算是"仁",对如何行"仁"却谈论得极少,他只说"我欲仁,斯仁至矣",至于其中的缘由,也并未说明。

如果我们把"仁"看作是善行,那么行"仁"就是人善性的表现,如何行"仁"就是人性的彰显,因此可以说,孔子对人性的论述是很少的。

不过,在中国人性理论的发展上,孔子却也有着很大贡献,他最先提出"性相近,习相远",为对人性的探讨

第二章 儒家：天人合一，知行相辅

开创了方向——人的先天本性与后天环境的关系。

孔子之后，人性论在儒家哲学中形成了两个不同的发端，一端是孟子的性善论，一端是荀子的性恶论。

孟子以孔子继承者的身份自居，将孔子的仁学作为自我仁学的起点，通过对"为仁之方"的论述，建立起了自己的心性论，发明了"性善论"。

孟子说："仁义礼智，非由外铄我也，我固有之也，弗思耳矣。"表示仁义礼智等美好的品格性情是人本身固有的，不是外在的因素加上来的。

宋明理学将性善论进行了进一步论证和说明。程颐认为性就是理，而理未有不善："性即理也，所谓理，性是也。天下之理，原其所自，未有不善。"朱熹肯定了程颐的观点，说："'性即理也'四字，颠扑不破。"陆九渊和王守仁则表示性是心之本体，而本心无有不善："心之本体，则性也。性无不善，则心之本体本无不正也。"

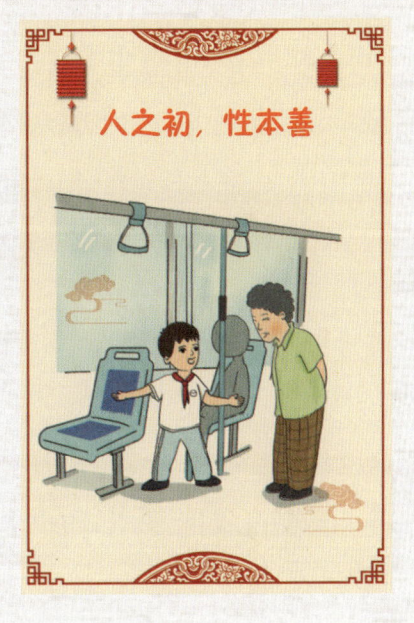

王夫之是性善论之集大成者，他从"气""先天后天"以及人的体貌等方面对人性进行了解释。

他说:"人之性只是理之善,是以气之善。"指出人的本性是理与气,理善气善而人性善。又说:"盖形色,气也;性,理也。气本有理之气,故形色为天性。"人的身体容貌是由气形成的,性情的本质是理,而气中含有理之气,所以人的形貌也能展现出他的天性。

对于性情的形成,王夫之是这么理解的:"得之自然者性,复其自然者亦性,而教亦无非自然之理。""性日生日成,未成可成,已成可革。"人性有天生的,也有后天形成的,是能够培养和不断完善的。

荀子则主张人性本恶,认为"人性本恶,其善者伪也",人的善良都是后天改造而来的。荀子的性恶论对法家影响较大,也对后世"人性改造论"和"人性自然说"的形成起到了一定作用。

除了"性善"和"性恶",儒家的告子还主张性"无所谓善恶",说"生之谓性",人天生的所有属性都叫作性;西汉的扬雄提倡"性善恶混论",认为人性有善也有恶,如扬雄说:"人之性也,善恶混,修其善则为善人,修其恶则为恶人。"

儒家对人性的贬恶扬善为古代国家德治、法治提供了理论依据,是中华民族优秀文化传统和美好民族品格的彰显。

第二章 儒家：天人合一，知行相辅

五、知行相辅的认识论

知与行是中华传统哲学中的一对重要范畴，知行问题是中华传统哲学中的重要问题。知即知识、认识、思想，行即行为、实践、行动。知与行的含义在中华传统哲学文献中有广义和狭义之分，广义是指一般意义上的知识和行为，狭义则是有具体所指的道理和行为。

知行概念出现得很早，但对知行关系的思考还是源于孔子。不过，孔子对于知行的论述是将两者分开进行的，并没有将其作为一对概念。

"仁者安仁，知者利仁""人不知而不愠""温故而知新""知之为知之，不知为不知，是知也""知我者其天乎"……从孔子的这些言语中可以看出，最初孔子对"知"赋予的是"了解、知道、智慧"的意思，主要是指人对于事物的认识，并非相对于"行"而言。

孔子对于"行"的理解也没有与"知"相对，如"季文子三思而后行""言必信，行必果""行有余力，则以学文"，从这些论述中也可以看出，孔子认为"行"要比"思""言""学"更重要，仔细看来，后三者其实已经具有了"知"的含义。

真正将知与行放在一起论述，最早明确阐明两者关系的是荀子。

和孟子继承孔子"生而知之"的先验论不同，荀子更认同孔子"学而知之"的经验论，认为人获得的一切知识都源于心对于外界事物的认知，即"心有征知"，进而将"行"引入，提出行比知更重要。

荀子说："不闻不若闻之，闻之不若见之，见之不若知之，知之不若行之，学至于行之而止矣。"认为行比知更进一步，且是学习的最高境界。

读万卷书，行万里路

总的来说，先秦儒家哲学中有关"知"与"行"的探讨更多地集中在"知"上，尤其是如何"知"的问题。到宋代，儒者们才开始将"行"放在与"知"同等重要的位置上来，将知行问题

第二章 儒家：天人合一，知行相辅

作为重点探论的对象。

张载提出了"见闻之知"和"德性之知"的观点，认为知是内外之合——"人谓己有知，由耳目与受也；人之有受，由内外之合也。知合内外于耳目之外，则其知也过人远矣"。

程朱理学和陆王心学对知行问题的探讨，主要集中在知与行的先后、轻重关系上。

程朱学派提出"先知后行"说。程颐说："学者固当勉强，然不致知，怎生行得？"又说："君子以识为本，行次之。""知而不能行，只是知得浅。"他认为知先行后，知是本，行为次，知难行易。

朱熹继承和发展了程颐的观点，他说："论先后，知为先。论轻重，行为重。"并提出"知行相须"，即知与行是相互依赖的。

王守仁提出了"知行合一"的思想，其包含两层含义。第一，从"本体"上说，知即行，所谓"本体"就是知行的未发的本来状态。第二，知与行是相互统一的，"知者行之始，行者知之成，圣学只学一个功夫，知行不可分作两事"；知等于行，即"一念发动处便即是行"。

此后，儒家关于知行关系的探讨也有新的发展，如王廷相的"知行相兼"说，王夫之的"知行相资"说，其中王夫之的观点是集传统认识论之大成者。

王夫之的"知行相资"说可分为四个层次来理解。其一，人与动物的区别，体现在知上，更体现在行上，他说人之所以为人，是因为人有道德良知，更因为人会将其践履；其二，学、问、思、辨、行五者中，行最刻不容缓；其三，行可兼知，但知不可兼行；其四，知与行既有先后顺序，又能相互为成。

儒家哲学对知行关系的深入探讨，体现了中华传统哲学的独有特点，也表明了儒家对道德修养实践的重视。

六、社会本位论的形成

社会本位是与个人本位相对的,个人本位以个人利益为主,最终的价值取向是个人;而社会本位恰恰相反,是指在社会价值体系中,社会价值高于个人价值,个人价值必须以社会价值为转移。换而言之,当个人利益与社会利益发生冲突时,要以社会利益为主。

《礼记·大学》有云:"古之欲明明德于天下者,先治其国;欲治其国者,先齐其家;欲齐其家者,先修其身;欲修其身者,先正其心;欲正其心者,先诚其意;欲诚其意者,先致其知,致知在格物。物格而后知至,知至而后意诚,意诚而后心正,心正而后身修,身修而后家齐,家齐而后国治,国治而后天下平。"

这段话的意思是,古时那些想要将光明正德推及天下的人,必须先治理好自己的国家;而治理好国家的前提是要管好"家";要想管好"家"就必须自身具备良好的德行;想要修养自身,就要先端正心性;想要端正心性,就要使意念诚挚;想使意念诚挚,先要达到认识明确,而达到认识明确的方法就在于探究事物的原理。

这其中提到的格物、致知、诚意、正心、修身、齐家、治国、平天下,是儒家人生哲学的八条目,也是社会本位论的理论基础。

儒家思想是一种以社会为本、以国为重的思想,注重君王治理,讲究家国天下。那么,儒家的这种社会本位论是如何形成的呢?这从其理论和模式中可以找到渊源。

儒家"修身、齐家、治国、平天下"的政治理想中,实际上透露出"家"与"国"之间的一种同质联系,即"家国同构"。

所谓家国同构指的就是家庭、家族(宗族)与国家在组织结构方面具有共同性,均以血缘——宗法关系来管理,存在着严格的家长制。

周王朝统治时期建立了两个

第二章 儒家：天人合一，知行相辅

重要的政治制度：一是宗法制度，二是分封制度。所谓分封制度，就是君王将自己的同姓宗亲、功臣、谋士等分封为诸侯的制度。当时，周王室称王、天子，管理天下；诸侯封地称国，首领叫公，如齐桓公、秦穆公，管理封地。国之下有家，家也是一个政治单位，首领叫卿、大夫，管理采邑、食邑。

宗法制度源于氏族社会父系家长制公社成员间的血缘联系，其主要精神为"嫡长子继承制"，简单来说就是一种以父系血缘关系亲疏为准绳的遗产继承制度。西周的分封制是与宗法制紧密联系在一起的，周王室按照嫡长子继承原则，世代相传，其他不能继承王位的庶子、次子被封为诸侯，在其封地，诸侯国的首领也是按照嫡长继承的原则相传，非嫡长子就被封为卿、大夫，管治"家"，其下再分士，士是贵族阶级的最低阶层，不再划分。也就是说，"家"在周朝虽然是一个政治单位，但也是以具有血缘关系的人为核心的。一般来说，"家"所涵盖的范围是同一祖父的三代，而"族"是同一高祖父的血亲及配偶，上下共九代。"宗"本义是指同一家族的人祭祀祖先的庙，后来便指代共同祭祀的人员，也要按照血缘亲疏远近划分，分为大宗和小宗。

如此，大宗率小宗，天子、诸侯、大夫、士共同构成一个严密的家族式的统治体系，在全国范围内形成了以天子为根基的宗法系统。

第三章

道家：
自然万物，有道可循

一、道之道：道与万物

"道"是中华古代哲学中的基本概念，在不同的哲学流派中有不同的含义。道家以"道"为核心思想，用"道"来探索自然、社会、人生之间的关系，因而在对"道"的理解上也最为深入。

道家的"道"的思想基础主要来源于老庄，首先体现在二人对"道"本身的理解上。

道是老子宇宙观的核心，老子所说的道，是宇宙本原和自然万物运动发展的普遍规律。《道德经》开篇就说："道可道，非常道；名可名，非常名。无名天地之始，有名万物之母。"又说："道生一，一生二，二生三，三生万物。"指出道有"常道"和"非常道"之分，道是万物产生的根源。

在老子看来，自然界有一个道，这个道先于物质世界而存在，是宇宙的本原，它"惟恍惟惚"，不可言说，被

第三章　道家：自然万物，有道可循

称为"常道"。而在"常道"之外，世间万物也有自己的道，草有草道，蝼蚁有蝼蚁道，这里的道就是"非常道"。

老子还对道生万物的法则进行了概括，他说："人法地，地法天，天法道，道法自然。""反者，道之动。"说万物依照道而运行变化，道就是自然而然，循环往复的运动就是道的运动。

对于"道"的本性，老子认为是"贵柔"，他说："弱者，道之用。"又说："天下至柔，驰骋天下以至坚。"道总是能在最柔弱的地方发挥最大的作用，而天下最柔软的东西却能驾驭最刚强的东西。老子对"道本贵柔"的认识与人的本性为不争是相对应的，实际上体现的就是以静制动，以柔克刚，以少胜多的逻辑。

庄子对道的认识与老子思想有很多相吻合的地方。首先，庄子也认为道是宇宙本原，先于天地万物而存在，他说："夫道，有情有信，无为无形，可传而不可受，可得而不可见。自本自根，未有天地，自古以固存。"并表示道是看不见摸不着的，是不可定义的，即"知形形之不形乎，道不当名"。

在道的性质上，庄子提出"道齐万物"。所谓"齐物"，就是一切事物归根到底都是相同的、没有差别的。庄子认为万物都是浑然一体的，事物之间在根本上并没有彼此之分,是相互依存的,而"道"存在于万物之间,与万物都是相通的。庄子的"齐物论"为老子的"贵柔""不争"提供了理论依据。

老庄的自然之道,既指出"道"是物质世界运动变化的规律,更把"道"作为产生并决定世界万物的最高实在,具有朴素唯物主义的思想。

在自然之道外,老庄也时常把"道"引入人生、修养认知等方面,来分析人生、探索获取知识的基本原则和方法,给人以启迪和警示。

二、无之道：虚无思想与玄学论

我们如今对于"无"的理解，即没有、不存在，而不存在也就意味着失去了关注和讨论的意义。然而，在哲学的世界里，哲学家们对"无"以及其相关话题讨论的频次是很高的，比如道家对"无"的讨论就非常多。

"无"是道家哲学的本质特征，"无"的范畴最先由老子提出。老子的道既是自然之道，也是虚无之道。

《道德经》说："无名天地之始，有名万物之母。""天下之物生于有，有生于无。""道生一，一生二，二生三，三生万物。"老子所说的"道生一"，"一"是指天地未分时的原始物质存在，也称"有"，而"一"生于"道"，又说无中生有，所以道即是无，是产生天地万物的本原。

但是，无与道并不是直接的对等关系，无是对道的本质界定，一般认为是道的精神、理念，而道则是实体、物质。

老子还说："有之以为利，无之以为用。"认为"有"所带来的利，根本上是因为"无"的作用。老子认为世界的根本就是"无"，只有"无"才符合道的原则，庄子继承了老子对"无"的认识，突出发展了"虚无"思想。

庄子说："万物出乎无有。有不能以有为有，必出乎无有，而无有一无所有。"意思是，万物皆源自无，而有不能生有，必然生于无，无就是没有。又说："道不可闻，闻而非也；道不可见，见而非也。""虚无恬淡，乃合天德。"

庄子以"虚无"论道，认为清虚淡泊、无所作为才合乎自然真性，才能成为天地赖以运行的准则，将"无"解释为纯然无有，认为只有连"无"也没有，才算是达到了绝对虚无，这是"无"的最高境界。

魏晋玄学推崇老庄思想，也将对"有无"关系的讨论推向了高峰。

所谓玄学，即研究高深玄妙问题的学说，"玄"出自《道德

坐而论道的古人

第三章 道家：自然万物，有道可循

经》："玄之又玄，众妙之门。"

魏晋玄学就是在魏晋时期崇尚老庄玄学的社会思潮，它尊老子、庄子为"玄宗"，以《道德经》《庄子》《周易》为"三玄"，将"有无"问题作为讨论的中心话题。

王弼发展出了"贵无论"，以"无"为尊，认为天地万物皆以"无"为本，一切事物都要根据"无"才能成立。在王弼的眼里，一切有形有名的具体事物都是"有"，而其背后还存在着无形无名的本体，这就是"无"，他还从动静关系出发来验证自己的观点。

裴頠提出了"崇有论"，主张无不能生有，有是自生，且事物发展变化的规律也必须依托于"有"，即"是以生而可寻，所谓理也"。裴頠也认同天地万物之上有一个最终根本，但这个根本他认为是道，是能够把众多事物总括起来的东西，跟"无"并没有直接的联系。

除此之外，还有郭象的"独化论"，郭象是将裴頠的观点极端化了，他把"有"说成是绝对的，并否认万物之上有一个终极的根本，他认为每个事物都是独立的实体，它们可自己产生、自己存在、自己如此。

当然，中华传统哲学中关于"有无"的讨论并不止于这些，而道家对这一命题的论述对"无为而治"思想的发展具有很大的推进作用。

三、无为之道：顺乎自然以为治

道家认为"道"是无为的，即自然而然，但是"道"有规律，以规律约束着世间万物的运行发展，即老子所说的"道常无为而无不为"。因此，道家认为君王治理国家也应当如此，便提出了"无为而治"的治国理念。

"无为"思想是老子在《道德经》中提出的，书中关于"无为"的内容有很多，如"为无为，则无不治""道无常为而不为，侯王若能自守，万物将自化""是以圣人处无为之事，行不言之教"。

老子的无为就是主张顺乎自然的管理统治，不做任何违反自然规律、违反社会规则的事情，即可以理解为不妄为、不乱为。对此，他还说："我无为，而民自化；我好静，而民自正……我无欲，而民自朴。"无为针对的是君王的苛政，好静针对的是君王的强制性行为，无欲针对的是君

第三章 道家：自然万物，有道可循

王的贪欲。在老子看来，为政者如果能做到管理而不强行干涉，统治命令而不压迫，不将自己的贪欲加诸民众身上，实行"无为之治"，让人民自我发展，自我完善，国家就能安平富足，社会就会和谐稳定。

老子的"无为"并不是消极等待，无所事事，而是以一种淡然不强求的态度去"为"，从而发挥人的主观能动性。

庄子不仅把老子的"无"发展到了极致，也将老子的"无为"发展到了极致。

庄子说："何谓道？有天道，有人道。无为而尊者，天道也；有为而累者，人道也。天道之与人道也，相去远矣，不可不察也。"

庄子的"无为而治"以天人关系为出发点，认为"天"无为却使世间一切井然有序，而人有为却达不到理想的结果。在庄子的认识中，"有"与"无"是可以转化的，因此他说天道与人道不可以不察，希望人能效仿天道行事。

庄子崇尚"无为而为"和

"无用之用"，这一思想本质上是继承老子的，但与老子又有所不同。

庄子认为使社会不安的因素是存在于各个阶层之间的对于"仁义"的错误认知，人们都希望通过某种举措来实现自己所认为的"仁义"，更确切地说是将自己的私欲强加在他人身上，由此就出现了"有为"，这种"有为"带来了斗争，造成了社会的不和谐。

而人们的"有为"始于"好知"，即"故天下每每大乱，罪在好知"。什么是好知呢？就是知识、思想的丰富。庄子的意思是，人民有了知识，有了思想，懂得太多，就有可能会反抗。

所以，庄子认为消除斗争以达到"无为"的方法就是使民"无知"，从根本上消除那些可能带来斗争的东西，这跟老子所说的"是以圣人之治，虚其心，实其腹，弱其志，强其骨，常使民无知无欲。使夫知者不敢为也"，是一个道理。

毫无疑问，这种让民无知的主张是一种社会倒退，但相较而言，老子的主张则倒退得更多。老子甚至主张倒退到蛮荒的原始社会，希望人和非人没有区别，幻想回到"邻国相望，鸡犬之声可闻，民至老死，不相往来"的小国寡民社会。

第三章　道家：自然万物，有道可循

老庄的"无为而治"思想对中国古代社会有很大的影响，在汉代初年、唐代初年以及宋代初年都曾对当时的社会治理起到过积极作用。

四、黄老之道的主要内容

黄即黄帝，老即老子，顾名思义，黄老学派就是尊崇黄帝、老子并发扬二者思想的学派。黄老之道就是黄老学派的理论主张和哲学思想。

春秋末年，老子站在历史的高点对现实进行反思，形成了一套完整系统的理论，道家学派正式诞生。

老子的思想理论极为丰富，他的继承者们，有的崇尚他批判和超越的精神，形成了老庄学派；有的继承了他贵生重生的思想，形成了杨朱学派；有的重视他经世致用的理念，形成了黄老学派。

黄老学派尚阳重刚，重视实用，其思想契合时代潮流，因此从形成之时起就备受关注，并逐渐成为当时道家思想的主流，在战国中期至秦汉初年极为流行。

黄老学派对黄帝的推崇主要体现在技术发明上。上古

第三章 道家：自然万物，有道可循

传说中，黄帝发明了车、弩、釜、甑、冠、货币、伞冕等日常用品和工具，并作灶穿井，铸鼎制镜，制作棺木，画洛书河图，建筑房屋宫殿；黄帝正妃嫘祖首创种桑养蚕之法、抽丝编绢之术，带领民众养蚕制衣；大臣宁封制陶，杜康造酒，仓颉造字，黄雍父作舂，风后发明指南车，雷公、岐伯论医等。总之，黄帝时代有多项便利民众生活的发明设计，这种"致用"精神是黄老学派十分看重的。

黄老学派哲学思想主要是对"道"的认识，他们主张道是客体，不以人的意志为转移，正所谓"道之将行，鯀不得已"。

黄老学派在秉承老子"道"的中心思想的基础上，又根据现实需要对其做了适当调整，摆脱了老庄学派那种仅从历史的经验和个人的体验来观察、思考问题的模式，从如何使国家、社会真正进步的务实角度入手，使得道学获得进一步升华，成为"君子南面之术"的显学。

在政治上，黄老学派还提出"道生法"的观点，主张道法合一，无为而治，认为"贵清静而民自定"，这在一定程度上也突出了刑德观念，认为君王应当恩威并施以巩固政权。除此之外，掌握政治要领即可，因势利导，不要做过多的干涉，主张"省苛事，薄赋敛，毋夺民时"。

黄老学派的哲学和政治思想在中国历史上有着极其重

大的影响。春秋战国时期，齐国田氏的政权是从姜氏手中夺来的，急需合理性的辩护以巩固统治地位，而打着复兴黄帝统治的旗号，又具备治国思想的黄老之学恰好契合了这一需求，因此备受齐国封建统治者的支持和利用。

汉代初期，黄老之学吸收了先秦道家无为而治的思想，受到大臣萧何、曹参、陈平等的推崇，统治者施"无为之政"，顺应民心思定的形势，强调清静无为、轻徭薄赋、与民休息，使得民心安定，社会生产快速发展，经济得以恢复，出现了"文景之治"的繁荣局面。

直到东汉，一些方士把黄老之学与神仙长生、鬼神祭祷、谶纬符箓等方术杂糅，视黄帝、老子为神仙，尊老子为"太上老君"，使得黄老之学变为"自然长生之道"，给黄老之学带来了消极影响。

总的来说，黄老学派的思想大致可以分为三个主题：一是修行，主要包含修养品性、长生之术；二是经世，主要包含治国理论、政治主张等；三是致用，主要包含科学技术、发明制造等。

五、道家之学派分流

道家是春秋战国时期由老子创建的哲学流派，其以"道"为核心，具有朴素的辩证法思想，是诸子百家中影响较大的一个学派。

追溯道家思想的源头，《汉书·艺文志》记载道家书籍有《黄帝内经》《黄帝君臣》《伊尹》《辛甲》等，似乎表明其与上古的伏羲、女娲、黄帝、炎帝以及夏商时期的伊尹、姜尚、鬻子等人的德修治世思想有关，而道家学者多来自春秋战国时期宋、秦、楚、齐等国，更印证了道家思想与夏商文化的密切关系。

尽管道家思想的源头，我们无法明确得知，但可以肯定的是，它是集合了古代先贤的大智慧而形成的。春秋末年，老子集前人智慧和个人思考总结著成《道德经》一书，标志着道家思想正式成形。

老子，姓李名耳，春秋末期人，曾任周王朝守藏室之史，以博学多识而广被人所知。相传，老子是孔子的前辈，孔子曾向其问礼，还到过老子的住所拜访。

老子的思想核心是朴素的辩证法，思想范畴主要是"道"。老子认为世间万物都是相依而存的，没有绝对独立的，彼此之间既相互对立又相互包容，是你中有我，我中有你的状态，即福兮祸所伏，祸兮福所倚。道是一种混沌未分的状态，不可言说也不可感知，老子认为道是万物之母，是宇宙的本体，也是人生的准则。

老子的主张，在政治上表现为无为而治、不言之教；在权术上，讲究物极必反之理；在修身方面，讲究虚心实腹、不与人争。

老子以后，到战国时期，道家内部分化成为几个不同的派别，除了老庄学派，还有杨朱、黄老、宋尹等学派，其中以黄老派名声最大。

《道德经（苏辙注）》古书

老庄学派是以老子和庄子的著作《道德经》与《庄子》的思想为基础的道家流派分支，把自然之道作为万物存在及发展的规律。教育上，老庄学派以自然无

第三章 道家：自然万物，有道可循

为为目的，提倡"不言之教"，反对儒家以仁义道德为核心的人伦教育，反对烦琐虚伪的礼教。个人修养方面，老庄学派要求摆脱知识经验的束缚，主张通过学习自然而保持素朴本性。

黄老学派尊崇黄帝和老子思想，并兼儒、墨、法等诸家观点。黄老学派继承并发展了老子的"道"思想，在政治上强调"道生法""无为而治"，主张"是非有分，以法断之，虚静谨听，以法为符"。黄老思想曾盛极一时，不仅被田齐作为治国思想，还对诸子产生了巨大的影响，而且对楚、秦的统治也有过一定作用。

秦统一中国后不久，选择法家思想治理国家的秦始皇开始实行"焚书坑儒"，使得诸子百家全部受挫，道家也深受其害。

汉朝建立后，其统治者在反思秦统治思想的基础上开始以道家思想治理国家，伴随着"文景之治"，道家由此走向辉煌。但是，好景不长，汉武帝执政后，接受董仲舒建议独尊儒术，道家发展再次受阻。魏晋南北朝后，玄学之风兴起，老庄之学重新复活，并在此后成为道家正统，一度被文人们视为精神乐园。魏晋之后，道家思想一直处于边缘化状态，直到唐宋才再度焕发出生机。在佛教盛行期间，还曾与道家思想结合形成了禅宗，对宋明理学和王阳明心学的形成都起到了促进作用。晚清时，随着西方文化的冲击，道家思想也再次复兴并被赋予了不少当代的新观念。

　　道家思想同儒家思想一样贯穿了中国思想文化发展的始终，对中国各个领域的发展都有着较为深远的影响。

第三章 道家：自然万物，有道可循

六、道教和佛教的关系

道教是中国本土宗教，形成于东汉末年，是在吸收先秦道家思想的基础上，结合当时的民间信仰及方术、阴阳等学说而逐渐完善的宗教。道教主张清净修身、道法自然，至今仍然在民间有较大的影响力。佛教是世界三大宗教之一，由释迦牟尼创建于古印度，是一种倡导通过修行之法，发现生命和宇宙的奥秘，最终超绝生死、摆脱烦恼、获得解脱的宗教，在全世界范围内都有广泛传播和发展。

大约公元一世纪时，佛教从印度经中亚传入中国。最初，由于文化背景的不同，佛教一度被视为与当时流行的黄老神仙方术同类，而仅在少数贵族中流行。随着社会政治出现动荡不安，佛教的五常及因果观舒缓了人们的抑郁情绪，逐渐在社会上扩展开来。

佛教作为一种外来的宗教，在中国竟受到民众的欢迎，一些具有强烈民族情绪的中国人对此深感不满，他们将佛教视作蛮族的宗教，并致力于发展中国土生土长的另一种宗教。东汉末年，道教逐渐形成，并随着三国时期社会动荡而兴盛。

道教与春秋战国时期的道家有着很多联系，但前者却并非后者的延续。汉代之后，阴阳家思想被儒家吸收，阴阳家从此退出历史舞台，后来古文学派又将阴阳家思想从儒家剔除。而当道教在逐渐形成时，一些阴阳家的思想便被道教人士吸纳进来，成了道教重要的组成部分。

在道教的养生哲学中，我们经常能够看到有阴阳家思想的影子，例如天地阴阳、养气修真等。道教的哲学思想有一个核心，那就是自然。道教认为自然之道就是天人之道，而万事万物都有其各自的道，人只有在自然中顺应道而修炼自身，才能够获得至高无上的智慧。

值得一提的是，在道教的发展上，佛教也起到了极大的推动作用。道教的宗教体制、仪式都是借用于佛教，它模仿佛教的寺庙、僧人、佛法场景发展出道馆、道士以及道场法事。道教虽以老子为老祖，但其思想与早期的道家哲学却无多大关系。

正如道教和道家应当予以区别一样，佛教和佛学也需要予以区别。

第三章 道家：自然万物，有道可循

佛教不仅是一种宗教，它还代表一种哲学，即佛学。笼统地来说，佛学就是对佛教创始人乔达摩·悉达多所创的佛教经典以及佛陀学说的研究。

佛教广泛流传以后，在不同的地区因受到社会、政治、文化的影响，而产生出了许多不同的流派，这些流派各有自己的思想特色，对于佛教经典和佛陀学说的理解也都有不同的观点。不过，各宗派之间也有一些共同信奉的基本教义观念，这就是一般概念的佛学。

按照佛家的看法，人生是充满苦难的，而所有这些苦难的根源在于人不认识事物的本性。何为事物本性呢？这就要从佛学的基本理论"业"说起。

"业"一般解释为人的行为，但在佛家的观念中，它代表的是一切有生灵的事物的意识、言行。佛家认为，宇宙的一切现象也就是任何一个有情物所看出的世界，都是这个有情物内心自造的景象，是心的作为。而这个作为必然产生它的后果，也就是"业"的报应。

每一个人的人生都是因与

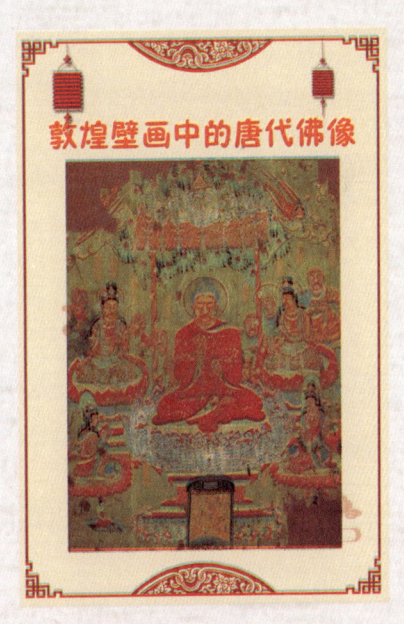

敦煌壁画中的唐代佛像

果，业与报的循环，一个人的今生不过是他前世作为的后果，他今生的作为又将决定他的来世，一世的终极并不是最终的结局，而是这个因果循环的一个中转站。

只要人处于这样的循环中，就不能摆脱痛苦和烦恼，那么如何从这个看似无穷尽的生死轮回中逃脱呢？佛家也指出了明路，那就是参透事物的本质，即"觉悟"。

人在不觉悟的状态下，会产生一种盲目的执着，而这种执着造就贪欲，贪欲造就痛苦。佛教的种种教义和修行都是为启发人对世界和自我的觉悟，觉悟之后，人再经过几世的业，积累出来的报就不再是执迷不悟和痛苦，而是无贪欲无执着，这样就能从生死轮回中解脱，佛家称之为"涅槃"。

"涅槃"的境界可以表述为个人和宇宙的心（即宇宙本体）融合为一，大乘佛教中的性宗阐发了这个理论，将宇宙心的观念带进了中国哲学思想。

道教尽管在宗教上和佛教针锋相对，但在哲学上，却和佛学结成了同盟，并发展出了"禅宗"。禅宗是中国佛教的一个宗派，也是道家哲学和佛学两家精妙之处的汇合，对唐宋以后中国的哲学、诗歌、绘画产生过巨大影响。

第四章

墨家：
兼爱非攻，义利共存

一、兼相爱，交相利

"兼爱"思想是墨子及墨家整个思想体系的核心。"兼爱"即人人相亲相爱，没有芥蒂，不过要达到"兼相爱"，需要有"交相利"的前提，即人与人交往要互惠互利。

墨子生活的时代，社会动荡不安，列国篡杀征战之事时有发生，给人民和社会发展带来了极其不利的影响。墨子认为，造成这种局面的根本原因在于人的自私和人与人之间的不友爱，即墨子所说的"天下人皆不相爱，强必执弱，众必劫寡，富必辱贫，贵必傲贱，诈必欺愚"。

统治者们为了自己的利益，不惜发动战争，剥削人民，使得无数的子民冻死、饿死、病死、战死，造成天下混乱。君臣、父子、兄弟、朋友等之间自私自利，引发矛盾和冲突，影响家庭、社会的和谐。这种"国之与国之相攻，家之与家之相篡，人之与人之相贼。君臣不惠忠，父

第四章 墨家：兼爱非攻，义利共存

不慈子不孝，兄弟不和调"的局面又进一步造成社会的动荡和人民的困苦死亡。

既然明确了社会动乱的根源，那么解决这一问题的途径在哪里呢？

墨子认为是"兼相爱，交相利"，墨子的"兼爱"思想是以"交相利"为基础的，也是以"交相利"为主要内容的。

墨子所希望的"兼爱"是这样的状态："视人之国，若视其国；视人之家，若视其家；视人之身，若视其身。"即取消"我"与人之间的界限，使人与人之间的感情不受社会关系的限制。要达到这样的状态，就必须做到"有力者疾以助人，有财者勉以分人，有道者劝以教人"，这样"爱人者，人必从而爱之；利人者，人必从而利之"，人人相爱相利，互相残杀争夺的现象自然就会消失，就能真正达到天下太平的局面。

墨子推崇"兼相爱，交相利"并不是纯粹的一时兴起，他是有可行依据的。

首先，"兼相爱，交相利"

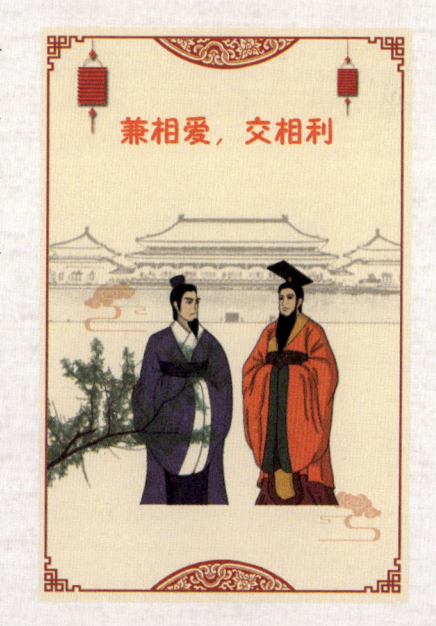

的主张在古代社会曾经实现过；其次，墨子认为，统治者是实现这一局面的关键所在，只要君王倡导，天下百姓就一定会响应，勾践尚勇，士卒皆不畏死，就是很好的例证；再次，人与人之间投桃报李是理所当然的行为，墨子认为人们实行"兼相爱，交相利"，对彼此都有益处，最终还能形成和谐美好的结局，何乐而不为呢？

当然，墨子的"兼爱"思想也存在一定的弊端。墨子将天下太和的希望寄托在"圣王"的身上，而对暴力革命持绝对反驳的态度，放弃了以武力改变世界、解放自身的可能性，不免过于理想化，也存在很大的局限性，甚至阻碍了当时以兼并战争统一天下的潮流。

二、对孔子"仁义"的反驳

墨子也将他的"兼爱"称为"仁、义",但他的"仁义"和儒家所倡导的"仁义"是完全不同的,这是因为两者所代表的阶级利益不同。

墨子活跃于春秋战国之交,当时的社会形态以及墨子的出身,使其坚持为小生产者代言,为底层民众发声,集中对代表贵族阶层的孔子的思想体系进行斗争,对儒家的唯心主义先验论和命定论进行反驳。

墨子思想的出发点是维护小生产者的利益,以"兴天下之利,除天下之害"作为衡量一切思想和行为的价值标准。因此,墨子所提倡的"仁义"是从实际所呈现出来的效果来说的,即怎样的行为和思想是对人、对社会有利的,这样的行为和思想就是"仁义"。

孔子则不同,孔子从奴隶主贵族的利益出发,以复兴周礼为"仁",其"仁义"的标准是以个人品性为依据的,也就是人主观动机层面的"忠恕"。因此，墨子虽使用了"仁义"的范畴，但并不认同孔子的"仁义"，甚至直接讥笑它"今天下之君子之名仁也……兼仁与不仁，而使天下之君子取焉，不能知也"。

详细来说，墨家对儒家"仁义"的反驳主要表现在以下几个方面。

第一，爱的等差的不同。儒家行仁义以复兴周礼为前提，而周礼对人有严格的上下等级之分，因此儒家的仁爱，有等差之分，是依照血缘关系的远近亲疏以及政治地位的高低来确定的。

墨子出身贫民，本就对宗法制度没有深刻的体验，所以不像孔子那般有着留恋之意，反而对其烦琐深感厌恶。故而，墨子十分看不上孔子所说的等差之爱，主张爱无等差，注重爱之普及。

第二，仁爱的发端不同。孔子言仁是以个人仁心为起点，孟子言仁是以恻隐之心为发端，孔孟皆是以个人主观情感为重，而墨子则是从客观效果出发，定义利害、爱恶，并不重视个人品性。

第三，义与利的关系不同。儒家重义轻利，义以为上，以义克利，认为义与利是对立的两个极端，不可相容，而墨家则主张"交利主义"，认为义、利是一体的，

第四章 墨家：兼爱非攻，义利共存

《墨经》云："义，利也。"又说："而义可以利人，故曰义，天下之良宝也。"

墨子以代表底层人民的"仁义"思想与代表奴隶主贵族的孔子关于"仁"的学说进行斗争，具有一定的进步意义，但其思想依然受到封建等级制度的影响，其兼爱也仅仅是所谓"人类之爱"的一种抽象形态。

三、反"攻"扬"诛"

"非攻"也是墨家的重要主张之一，所谓非攻就是反对战争，反对武力。墨子的"非攻"思想正是从"兼爱"思想延伸出来的，是对"兼爱"的进一步阐述。

墨子曾评价从事侵略战争的国家行为是"攻伐无罪之国"且令生灵涂炭，百姓流离失所。墨子认为战争中并无胜利者，不管是侵略的一方还是被侵略的一方，都是受害者。因为被侵略的一方人民生命安全和财产固然遭到极大的破坏，发动战争的一方也需要耗费大量人力、物力、财力，因战争而战死、病死、饿死的人也不在少数，所以，墨子说："其所得反不如所丧者多。"

墨子反对战争的理由，概括起来共有三点：一，战争都是出自利己伤人的目的，是不仁义的；二，战争的双方都会杀人，也都会有伤亡；三，战争危害人民生活，阻碍

第四章 墨家：兼爱非攻，义利共存

社会发展。

不过，墨子虽主张"非攻"，但并不是笼统地反对所有战争。在墨子看来，一个国家为了兼并扩张，对无辜的国家发动战争，这才是"攻"，也就是所谓的"侵略战争"，是他所反对的。而那些圣明的君主为讨伐无能的昏君而发起的战争，则叫作"诛"，是应该赞成支持的。

墨子认为，人们应当认识到"攻"与"诛"的区别，不可混淆，否则就会犯逻辑上"不知类"的错误。同时，他还表示侵略战争危害极大，但却不容易被人所认识，一般人根本意识不到侵略战争的不道德不仁义，因而就会混淆是非黑白，以不义为义，成为侵略战争的拥护者。

在当时，墨子之所以极力主张"非攻"，是因为他认为"今天下好战之国，齐晋楚越"所发动的战争都是为了兼并而进行的"攻"，他们每每攻伐无罪之国，都是"入其国家边境，芟刈（割）其禾稼，斩其树木，堕其城郭，以湮其沟池，攘杀其牲牷，燔溃（焚烧）其祖庙，刭杀其万民，覆其老弱，迁其重器"，

行尽不义之举。墨子希望这些国家都能停止对外征战，维持现状，等待一个有兼爱思想的人统一诸国。

墨子还给出了实现"非攻"的方法。首先，国家在对外关系中，应当以"义"和"德"为主要原则，国与国交往，必须"先利天下诸侯""大国之不义也则同忧，大国之攻小国也则同救之"。其次，在军事上，统治者不要随意开战，要厉兵秣马，养精蓄锐，只打有把握的仗；在政治上，要实行"宽惠政策"，减轻百姓负担，使得君民一心，百姓安居乐业。

墨子的"非攻"与他的"兼爱"思想是完全一致的，也是"兼爱"最集中和最突出的具体要求，反映的是小生产者对于理想生活的幻想。

第四章 墨家：兼爱非攻，义利共存

四、墨子提出的"三表"标准

墨家对"辩论"非常重视，所谓辩论就是对言语、学说的明辨。墨子认为"厚乎德行，辩乎言谈"才能称得上是贤者，所以他主张的"尚贤尚同"，就是选择既有德行品格，又有大智慧，具备思辨能力的人来做统治者。

墨家自明确了"辩论"的重要性后，就开始对认识论问题进行探讨。前期，墨家在认识论方面提出了以经验为基础的认识方法，主张"闻之见之""取实与名"，墨子从"辩乎言谈"的要求出发，提出了检验认识正确与否的标准，即"三表法"。

墨子的第一个标准是"上本之于古者圣王之事"，即以过去圣明君主的经验作为判断依据。换言之，就是"以史为鉴"，所谓过去的经验，被记载并流传下来就是历史，属于间接经验。

第二个标准是"下原察百姓耳目之实",即以当下人的感觉经验为依据。当然这里所说的人不是个别人而是多数人,因为个人的经验容易掺杂太多的主观因素,只有多数人的经验才足够客观,可以作为衡量真假、是非的标准,属于直接经验。

第三个标准是"废以为刑政,观其中国家百姓人民之利",即从社会政治的实施效果来检验知识言论的真假好坏,这是墨子认识论中与众不同之处。他认为好的学说主张在实践中也是可以获得良好的结果的,否则就不能称之为"真理"。

墨子提出的这三个标准是相互统一的,其中以第二个标准为主要标准。为什么这么说呢?第一个标准以古代圣王的历史经验为依据,第三个标准以社会政治效果为依据,究其本质,还是要以人们的生活经验、日常感受为反馈。因此可以说,第一个、第三个标准实际上是第二个标准的具体化。这反映的是墨子对直接的感性经验知识的认可度,在墨子看来,任何抽象的概念和认识通过直接的感性经验来检验是最可靠的。

墨子的"三表法"是中国古代以经验论为依据的认识论,是一种朴素的唯物主义经验论,与孔子的唯心主义先验论是对立的。墨子还站在这一角度,对以孔子为代表的

第四章　墨家：兼爱非攻，义利共存

一部分儒家思想进行了批判。

墨子对孔子的"生而知之"论持反对观点，他认为圣人并不是天生的，是可以通过后天的学习来培养的，因为一切知识都来自"耳目之实"的闻见，后天环境对人的贤良智慧能够起到决定性的作用。

孔子所倡导的"以命为有"的命定论也遭到了墨子的反驳。孔子认为人的贫富贵贱是由上天决定的，但同时又提倡后天学习，这一矛盾的说法受到了墨子的批判——"教人学而执有命，是犹命人葆而去其冠也（教人学习却坚持有天命的观点，这就好像叫人包起头发却又去掉他的帽子）"。

除此之外，名与实的关系也是墨家唯物主义先验论与孔子唯心主义先验论斗争的一个重要问题。孔子认为"实"是由名决定的，企图以"名"来纠正"实"，提倡正名。而墨子则强调"实"是第一性的，要根据"实"来定名。

墨子的唯物主义经验论虽然谈不上严谨，甚至可以说粗糙，但在当时称得上是比较先进的思想，尤其是对孔子唯心主义论的反驳，起到了进步作用，为中华古代哲学的发展做出了不可磨灭的贡献。

五、"循所闻而得其意"的认识论

随着时间的推移,墨家对认识论的研究逐渐深入,对墨子的唯物主义经验论进行了完善和客观的总结,发扬了墨子重视实践的特点,既肯定了感觉经验在认识中的作用,也支持理性思维在认识中的重要性,克服了狭隘经验论的缺点。

墨家发展到后期,内部分化为两支,其中一支开始致力于逻辑学、几何学、认识论、几何光学等学科的研究,被称为"墨家后学"(也叫"后期墨家")。

墨家后学在认识论方面的研究取得了显著成就,他们所发展出来的认识论是一种具备唯物论和可知论立场、经验主义和实证精神以及实用主义和功利主义色彩的科学。

他们充分肯定了人所具备的对客观世界认识的能力,认为人的认识活动是由人所具备的一种能力实现的,但是仅仅有这种能力,并不能形成人对客观事物的认识。换句

第四章 墨家：兼爱非攻，义利共存

话说，人的这种能力只是认识事物的主观条件，但究竟能不能达到认识事物的目的，还需要其他条件的配合。比方说，人可以通过眼睛去看并认识事物，但是倘若你没有看到事物，那就无法达成"明"的认识，即人的能力要与外界有所联系才能形成人的认识。对此，墨家后学表示"知，接也"，认为认识就是与外界接触，这与墨子所重视的感觉经验是一致的。

墨家后学和墨子都认为，一切认识必须通过感官的感觉才能获得，即使有些知识并不是当下通过感官获得的，那也是经验积累的结果，即"知而不以五路，说在久""智，以目见，而目似火见，而火不见。惟以五路智。久，不当以目见，若似火见"。

墨家后学还将这些通过感官经验获得的知识来源分成了三大类：一类叫"亲知"，即亲自感受获得的知识；一类叫"闻知"，即通过他人传达传授获得的知识；一类叫"说知"，即进行思考推理获得的知识。

墨家后学虽同样重视感性经验在认识中的作用，但并没有只停留在这一阶段，他们认为感性经验只是认识的一个方面，是对事物表象的认识，距离真正的认识还很远。据此，墨家后学提出了"循所闻而得其意"的观点，表示要在感官认识事物的基础上再进行深入的思考，而这种思考则需要依靠心的思虑作用。

墨家后学对认识论的进一步阐述,对古代唯物主义认识论的发展有着重要的意义。除此之外,他们还在自然科学的基础上对一些重要的哲学范畴以及现象做了唯物主义的说明和解释。例如,对于空间范畴,他们解释为"宇,弥异所也",表示空间范畴包括一切具体场所。对于睡眠现象,他们解释为"卧,知无知也",表示睡眠是一种让知觉能力暂停的状态。

第四章 墨家：兼爱非攻，义利共存

六、"辩论"的基本逻辑原则

> 逻辑论是墨家后学最为重视且成就最大的方面，墨家后学不仅对"辩论"的一些基本原则做了说明，还对古代逻辑学的一些基本范畴做了明确定义，并对概念、判断、推理等形式做了深入研究。

前面提到，"辩论"是墨家一直以来都十分注重的问题，墨家后学对此进行了更深入的探讨。墨家后学认为，辩论首先要明确其目的，而辩论就是要通过"明异同之处"以"决嫌疑"，而要达到这样的目的，辩论就必须遵循客观事实，依照一定的逻辑原则。

在墨家后学看来，辩论的基本逻辑原则总的来说可以划分为四条。

第一条为"摹略万物之然，论求群言之比"，意思是辩论时，首先要了解所涉及的事物的各方面情况，还要对看待所辩论事物的不同观点有所认识，并且这些都要建立在符合客观实际的基础上。

第二条为"以名举实，以辞抒意，以说出故"，意思是辩论所使用的名词或概念必须与客观实际的内容保持一致，得出的命题或判断要准确地说明含义，论证推理要有足够的依据。这也体现了墨家在"名实"关系、由已知推未知等方面的注重点。

第三条为"以类取，一以类予"，"类"即同类，意思是辩论要遵守类概念的原则，取证和推论都要在同类概念的前提下进行。墨家认为只有同类才能相互比较，相互推论，而把不同类的事物、概念放在一起，本身就是错误的，因此也无法进行正确的比较和推论。

第四条为"有诸己不非诸人，无诸己不求诸人力"，这句话与"己所不欲，勿施于人"所表达的道理是一致的，即辩论者不可将自己的观点强加给别人，不能强迫别人认同自己。

在这样的原则基础上，墨家后学对概念、判断、推论等逻辑学上的范畴和内容做了新的定义与分类。

关于概念，墨家后学认为概念是表示客观事物的，也就是所谓的名与实的关系。他们认为实体是客观现象，是第一性的；名词概念是依据客观事物做出的表达说明，是第二性的，即"实"决定了"名"。墨家后学还表示，名

第四章 墨家：兼爱非攻，义利共存

词概念所反映的事物属性与事物本身是不可分割的，不能离开物体而单独存在。

他们还将概念分为"达""类""私"三类。"达"指最高、最普遍的概念，比如"物"可以代表世间一切事物；"类"指一般同类概念，比如"树"包括所有的树；"私"就是专指某一种物体的名词。

对于判断，墨家后学指出，判断是用来表达客观事物或思想的确定含义的，可分为"尽""或""假"几个类别。"尽"指逻辑学中的全称判断；"或"指特称判断；"假"即假设，指的是形式逻辑中的假言判断。

关于推理，墨家后学的研究更加详尽，除了以"类"推的原则之外，他们还提出了"辟""效""援""侔"等多种推理方法。"辟"即打比方，用另外一个常见的相似的事物来说明某个要论证的事物；"效"即依照公式或标准去推论；"援"即引用对方与自己相同的论据进行推论；"侔"即用两个相等的判断直接对比从而得出结论。

不管是对认识论的发展，还是在逻辑论方面取得的成就，都是墨家后学对唯物主义的发展。他们的理论是富于战斗性的，不仅对唯心主义理论造成了一定冲击，也对后世唯物主义哲学思想家们产生了很大影响。

第五章

法家：
善用人性，以法治国

一、好利恶害、趋利避害是人之本性

对于人性论的相关主张是法家伦理思想中最具主题色彩的一部分,在法家看来,人与人之间是一种相互对立的利害关系,人的本性是自私自利的,他们也正是在这样的基础上规定了对"法"的要求——要满足人性的自利。

法家思想内容十分丰富,包括伦理、社会发展、政治思想以及法治等诸多方面,其中伦理思想是以法家对人性的理解为基础的。

法家的人性论观念继承了荀子的"性恶论",认为趋利避害、好利恶害是人的固有本性,对此,商鞅、韩非等法家代表人物都发表了自己的看法。

商鞅是战国时期秦国的左庶长,也是著名的改革家、思想家、政治家、军事家。商鞅的人性论观点是围绕着"利害""赏罚"等来说的,在《商君书》中,商鞅对人性

第五章　法家：善用人性，以法治国

做了很多探讨。

《商君书》中关于人性有一段经典的论述："其上世之士，衣不暖肤，食不满肠，苦其志意，劳其四肢，伤其五脏，而益裕广耳，非性之常也，而为之者，名也。故曰：名利之所凑，则民道之。"意思是人们对于名利的追求是出于本能，每个人都有追逐利益、满足自身需求以及逃避危险与不利以寻求自我保护的本性。

在此基础上，商鞅形成了一套统治理论。在商鞅看来，人喜欢利，但害怕祸，从个人扩大到群体，就是民众有自己喜欢的事情，也有厌恶的事情，而统治者就可以利用这种喜欢与厌恶的习性去管理自己的子民。比如说，人们都喜欢爵位、钱财而讨厌刑罚，君王就可以设置奖赏来鼓励百姓做对社会有利的行为，设置刑罚来制止百姓做危害国家的行为。

韩非的人性论观点则是围绕着"自利""互利""计算之心"等来阐述的。韩非以父母和子女的关系为切入点，他说父母将孩子抚养长大，孩子反过来还会因为自己的不如意而责怪父母，而父母也会因为孩子的供养少而埋怨孩子。可见，尽管是如此亲密的血缘关系，彼此之间也会因为利益而发生矛盾，更何况与其他人呢？

因此，韩非认为人都是自利的，人的本性就是喜欢不劳而获。以此为基础，韩非也提出了和商鞅一致的赏罚方式作为君王治理国家的工具。

不过，韩非还认为人的自利之心是可以上升为互利原则的，人们选择做的事情既可以利于自己，也可以对他人产生益处。韩非将自利与利人结合起来，形成了自为心，即自利与计算之心，也就是说人与人之间不管相互矛盾，还是相互合作，都会怀着为自己打算的心理。

商鞅、韩非之外，法家的其他代表性人物对于人性也都有着丰富的观点，概括来看不外乎对"自利"的强调与利用，以及对儒家使用仁义教化以治理社会的怀疑。

总的来说，法家的人性理论既有对荀子从现实经验观察人性的袭承，也有自己的独特认识，是法家构建治国理论、探寻治世方案的重要依据。

二、诚信是天下行为准则的关键

> 诚信是中华民族的传统美德，是中华传统道德规范中的重要内容，先秦诸子百家对于诚信也都有着精彩的论述和自成一体的价值观念，法家自然也不例外。

法家对诚信的探讨，从其思想先驱管仲就已经开始了。管仲是最早将"诚"与"信"连用的人，在他看来，诚信是天下伦理秩序的基础，是所有行为准则实施的关键。至于如何讲诚信，他从以下两个方面进行了阐述。

一、诚信是一种德行，要使这种德行普遍化，统治者是最为关键的角色。管仲说："先王贵诚信，诚信者，天下之结也。贤大夫不恃宗室，士不恃外权。坦坦之利不以攻，坦坦之备不为用。故存国家、定社稷，在卒谋之间耳。"可见，管仲认为诚信是凝聚人心，是天下人团结一致的精神基础，是统治者必备的德行。

那么，什么样的君王才能称得上具备了诚信的德行呢？曰："慎使能而善听信。使能之谓明，听信之谓圣，信明圣者，皆受天赏。使不能为惛，惛而忘也者，皆受天祸。"这段话的意思是：慎重使用能臣和善于听取真实情况。使用能臣叫作聪明，听取实情叫作圣智，真正是聪明圣智的人君皆受天赏。使用无能之臣就是昏庸，昏庸而虚妄的人君皆受天祸。

二、诚信在刑罚和军事领域也有着重要的作用。管仲指出："赏罚信于其所见，虽其所不见，岂敢为之乎？""今恃不信之人，而求以智；而不守之民，而欲以固；将不战之卒，而幸以胜；此兵之三暗也。"这两句话的意思是：对所见到的要赏罚诚信，虽然有看不见的，谁又敢去违背呢？依靠不可信的人，而要求了解敌情；使用不能守的人，而想要巩固防地；指挥不能战的军队，而想要侥幸取胜。这是用兵上三种昏庸的表现。

倡导改革的商鞅和吴起则将诚信引入了践行变法的过程，从一定意义上来讲，他们以诚信作为变法的基础，以诚信赢得民心，以诚信树立权威的形象。

吴起在楚国变法时，为确立法治的权威性，就采取"倚车辕"的办法，即放置一副车辕，谁能够搬动就给予

第五章　法家：善用人性，以法治国

谁赏赐。后来真的有个人搬动了车辕，吴起按照承诺重赏其肥沃的土地和高端的宅邸，这使得吴起在民众心中树立起了威信，促进了变法的积极进行。

商鞅实行变法，刚刚推出新法令时，也采取了类似"倚车辕"的方法，命令士兵在都城南门外立了一根三丈长的木头，并当众许下诺言：如果有谁能把这根木头搬到北门，就赏他五十金。有一个人站出来将木头扛到了北门，商鞅当即就赏了那人五十金。此举帮助商鞅取得了民众信任，使得变法得以顺利进行。

作为法家集大成者，韩非对诚信的论述形成了较为完整的思想体系，简单来说可以概括为以下几个方面。

其一，对于君主"信人则制于人"的道德风险论。韩非认为，君主过于信任大臣、妻室会导致君权旁落，由此指出治国理政的方法不是信任而是法治。

其二，"奉法者强则国强"的法律信用价值论。韩非认为法律信用有助于统治者赢得民心而增强君势，减少君臣斗争而保护君权，而君主依法行赏罚是法律信用的前提。法律信用是指法律严格遵守其所明示的、确定的规则和内容，以它对公平和正义的理性追求和坚定实践所赢得的社会主体对它的信任，简单来说就是民众对于法律的信任度和忠诚度。

其三，"循名责实"的诚信管理论。韩非对诚信的理解为"名实一致"，而实现"名实一致"的途径就是"循名责实"，即通过相互监督、查证来龙去脉来检验信息真伪。

综上，可以说法家的诚信观内容是相当丰富的，尤其是韩非的论述，其从富国强兵的目标出发对诚信的含义以及如何发挥其作用做了详细的解释，对如今社会诚信管理也有借鉴意义。

第五章　法家：善用人性，以法治国

三、"利""义"与"法"的关系

在人性论的基础上，法家对义利关系有了独特的认识，形成了别具一格的义利观。法家义利观以人性的自私好利为理论基础，主张利以生义，以利为义，以法制利。

要了解法家的义利观，我们首先要知道法家对于"义"的理解。

法家的思想主要以管仲为代表，在《管子》一书中，管仲对于"义"有着大量的论述。管仲认为"礼义廉耻，国之四维，四维不张，国乃灭亡"，他将礼义看作是维护国家统治的重要内容之一，但是仅靠道德的作用是远远不够的，治理国家还需要法治，并且要以法治为主。对此，他说道："群臣不用礼义教训，则不祥；百官服事者离法而治，则不祥。"可见管子既重视礼义，又重视法治，并且在德与法之间，区分出了主次，主张以法为主，以义为辅。

对于儒家所提倡的"礼治",法家早期代表人物包括李悝、吴起、商鞅、慎到、申不害等均不认同,不过他们也和管子一样,对道德教化的作用还是相当重视的,主张利用人性中好的一面加以治理。如《商君书》中提出的"圣君之治心也,必得其心,故能用力。力生强,强生威,威生德,德生于力。圣君独有之,故能述仁义于天下"。表明的正是圣君施仁义得民心,以仁义治国的重要性。不过,商鞅又指出,仅仅讲求道义而不追求利益,这样的行为对于国家来说是有害的。因为百姓如果没有了趋利之心,就不会被轻易利用,统治者也就无法很好地管理他们,国家就会趋于灭亡。

以韩非为首的后期法家则完全否定道德的作用,主张完全以法代替道德。韩非甚至将儒生看作是危害国家的"五蠹"之一,对"见利不喜"持批判态度,认为只有民众好利,国家才能利用此来约束他们,从而达到良好的统治。

商鞅、韩非等人对于"义"的理解,引入了与利、法的关系,他们轻视或否定道德的作用,强调物质利益的激励,进而提倡法治,夸大赏罚的效果,代表了法家思想的主流,同时也构成了法家义利观的主要内容。

第五章 法家：善用人性，以法治国

　　法家所认为的义利关系实际上就是"公法"和"私利"的关系，他们的义利观大致可以概括为"利以生义，以利为义，以法制利"。法家在人本性自私好利的基础上，肯定了人对利益追求和私利观念的正当性，将利、义视为一体，同时又表示人的私利、私心是难以用道德的力量引导的，强调用法律的手段进行制约。

　　不可否认，法家义利观过于重视奖惩而忽略道德，极度维护剥削阶级的利益，确实存在很大的历史局限性，但其所展现出来的积极的现实态度和重法尚公的精神仍旧值得后人学习，并且对破坏血缘宗亲制度、促进生产力发展等都起到过良好的作用。

四、法治之重法、重势、重术

法家代表的是新兴地主阶级的利益，与墨家一样对旧贵族持反对态度，主张建立新的君主集权制度，强调使用法律的强制手段治理国家，利用兼并战争来维护霸权统治，并据此提出了一套完整的理论和方法。

先秦诸子百家中，法家是最早提出"法治"也是最重视"法治"的学派。早在战国时期，法家就主张将新兴地主阶级的利益和要求制定为"法"，以"法"作为治国和统一天下的主要方法。

法家的"法治"思想和理论是历代法家学者的思想结晶，其中以慎到、申不害、商鞅、韩非的思想最有代表性。

韩非之前，法家分为三派，一派以慎到为首，以"重势"著称；一派以申不害为首，强调"术"在治国中的作

第五章　法家：善用人性，以法治国

用；一派以商鞅为首，重视"法律"。

慎到所谓的"势"，即权力和威势，是君主所具有的威权。作为一个兼具黄老学派和法家双重色彩的人物，慎到的法律思想独树一帜，他重视"位尊权重"的作用，主张君主集权，君道无为，但反对君主独裁"身治"。

慎到十分强调法律的作用，认为"治国无法则乱"，同时又尊君重势，表明"君王的权力"是实现法治的前提，认为"民一于君、断于法，是国之大道也"。对此，慎到还提出了"立法为公"的思想主张，他把国家的、天下的利益称为"公"，将包括君主在内的个人利益称为"私"，主张"法"应该作为规范一切人的行为的最公平制度，君主应该"立公弃私"，为国家利益而非个人喜好效劳。

申不害的"术"，即政治权术，国君驾驭群臣的权术，这也体现出申不害的思想是以加强君主专制为核心的。不过，他所说的术是在"法治"的前提下使用的，本质就是将术、法结合以巩固君主统治。

"术"是君主的专有物，是驾驭驱使臣下的方法。"法"是公开的，是臣民的行动准则。申不害认为君主只有占据独裁地位，掌握生杀大权，才能要求臣下绝对服从自己，将具体的工作交予臣下。当然，申不害虽主张君主专制，但也反对立法为私，认为国君应当正直无私，才能得臣心，得民心。

申不害的哲学思想和慎到有着极相似之处，都是源于道家，他们都遵循老子的大一统哲学，认为宇宙万物的本质为静，运动规律为道，并将这些原则用于人事，作为其社会哲学的思想基础。

商鞅的"法"，即法律与规章制度。商鞅反驳儒家的"仁者爱人"之说，提出"圣王者不贵义而贵法"，认为法的作用大于仁义，极力主张以"法"取代"礼"。在商鞅看来，提倡仁义并不能使天下人都仁义，都守法令，而法律却可以让人在守法的同时讲仁义。法律能够破除私党，战胜奸巧，取消私议，制裁犯罪，使人们不徇私，不行害，互相监督，打击罪恶，最终就能达到儒家所讲求的"父子有亲、君臣有义、夫妇有别、长幼有序、朋友有信"。

商鞅的法治思想还将法家"重刑"的特点发挥到了极致。商鞅主张治国"以刑去刑"，犯罪不管轻重都应从重处罚。

韩非则集合前期法家的思想精华，提出了将"法、术、势"集为一体的观点。韩非强调了"法不阿贵"，法律面前人人平等，君主贵族也要遵守法律。而"术"作为

第五章　法家：善用人性，以法治国

君王驭人的手段，对维护"势"有着极大的作用，同时也是推行法令的策略。韩非认为，一方面，势治是法治的前提和保障，只有将法与权势结合起来才能做到令行禁止；另一方面，势又离不开法的约束。简而言之，现实中的君主不都是贤者，也需要法律的约束。

　　法家的法治思想有专制、极权等糟粕部分，但也不失理性的先进的内容，有的理论甚至放到今天也依旧不过时，仍具有参考价值。

五、法家与儒家、道家

法家是以法治为核心思想，由管仲、商鞅等人发展，韩非子集大成的学术流派。法家思想涉及伦理、法治、政治、社会发展等诸多方面，提出了以法治国的主张，对古代国家的政治、文化、道德等方面有着强大的影响力，对现代法制也有一定的影响。

法家的起源最早可追溯至夏商时期的理官，《汉书·艺文志》记载："法家者流，盖出于理官，信赏必罚，以辅礼制。"说的是理官是皇室中实施赏罚的官员，是为了巩固礼法而设定的。到了春秋时期，社会变动引发了当时一系列辅政人员的变革，法家由此出现，而它与儒家也有着千丝万缕的联系。

周王朝是古代奴隶制度社会的鼎盛王朝，它所实行的封建礼乐制度被儒者认同。在东周前期，由分封制、宗法制和井田制三大制度所维系的社会秩序，已经是千疮百

第五章 法家：善用人性，以法治国

孔、支离破碎，仅靠着历史的惯性才得以维持，但儒家仍旧认为治理百姓需要依靠周王朝所提倡的礼和道德。

随着社会矛盾的加深，儒家所推崇的"礼"也发生了变化，他们不再坚持以出身贵贱和财产多少来划分社会阶级，而是以道德来划分君子和小人。

先秦封建社会中，对于君王而言，礼是管制贵族的准绳，刑是统治百姓的工具。而在儒家思想中，礼打破了这种阶级壁垒，成为君王统治贵族和百姓共同的准绳。从另一个角度来说，这是对庶民百姓提出了更高的要求。

法家对社会治理的思想与儒家一样，都认为需要撤销阶层高下的区别，使得人人在统治者面前的地位平等。但与儒家倡导的"礼"不同，法家认为应该靠奖惩来统治人民，即将刑作为管理贵族和平民的共同工具，降低贵族的地位。

于是，持有这种主张的法家思想先驱们，如齐国的管仲、晋国的郭偃、郑国的子产等，积极颁布法令与刑书，改革田赋制度，提出了一些唯物主义观点，承认自然界的客观规律，反对神学思想。

简单来说，儒家和法家关于国家统治的主张，本质上是一致的，不过一个偏于理想主义，另一个注重实用性。

在各种理论的具体阐述上，尤其是哲学思想上，法家与道家有更密切的联系。《史记》中将道家老子、庄子与法家的申不害、韩非子放在一个传记中来叙述，足以说明两个学派的关联性。《四库全书总目提要》提到慎到时说他"黄老之为申韩，此其转关也"，是由黄老派转向法家的。

从整体来看，道家和法家代表中华思想传统的两个极端：道家认为，人的本性是朴素的，而法家主张人性趋利避害；道家鼓吹个人绝对自由，法家主张社会控制一切。但是，在"无为而无不为"这一点上，两者却达成了统一。道家的无为是指遵循自然规律，不要强行更改物体的运行法则；而法家的无为则是认为君王可以依靠政府运作的机制和工具来处理任何事情，而无须自己动手，可以看作是一种循人为之道的"无为之治"。

除此之外，黄老学派的"静因之道"也被法家借鉴了，并发展为一套君主驾驭群臣的"静因之术"，后期道家对于法家倡导的君王治国之道虽不乏批判，但总体是持赞同态度的。

事实上，作为诸子百家中的后起之秀，法家与儒家、墨家、道家、名家等各个学派都有很深的渊源，但其哲学思想还是受道家的影响最深，法家集大成者韩非子在哲学思想上继承的便是道家的核心理念。

第六章

兵家：
用兵有道，百战不殆

一、兵家思想渊源：道家对用兵的论述

当代著名哲学家李泽厚先生曾说："《老子》确有多处直接讲兵。有些话好像就是《孙子兵法》的延伸。"道家与兵家本是并列的不同学派，所奉宗旨也大相径庭，但事实上，《孙子兵法》中的许多原则和思想都与道家有着相合之处。

中国古代战略家和军事家统称为"兵家"，依诸子百家而言，兵家是专门研究军事理论，从事军事活动的学派。兵家的代表人物有孙武、吴起、孙膑等，著名典籍有《孙子兵法》《吴子兵法》《孙膑兵法》等，其内容都是对战争和用兵经验的总结，含有丰富的朴素唯物论和辩证法思想。

关于兵家思想的起源，历来有不同的说法，不过可以肯定的是它与道家的哲学思想有着密切的联系，甚至有人说兵家的思想来源于道家。

第六章　兵家：用兵有道，百战不殆

正如李泽厚所说，老子所著的《道德经》中有着大量关于战争的论述，并且概括了一系列军事战略战术，如对辩证法的运用等，对后世言兵者产生了极大的影响，以至于很多人将《道德经》视为兵书，很多用兵奇才如诸葛亮、刘基等都被视为道家人物。

以经世致用为原则的黄老学派对战争问题也非常重视，还提出了不少有关军事的思想主张，如"义兵"，即正义军队。这一时期及其后与道家相关的典籍，包括《黄帝内经》《吕氏春秋》《管子》等，均包含了大量军事原则和谋略，不少与《老子》中的观点相一致。

总结来看，道家军事思想主要包括四个方面：一是反战论；二是不得已而战；三是以奇用兵；四是柔弱胜刚强，这些在《孙子兵法》中也都有体现。

此外，有着"兵家始祖"之称的姜太公吕望（即姜子牙）也被道家尊为宗师，在道家思想史上有着举足轻重的地位。

姜子牙是一位德才兼备的贤臣，也是一位文韬武略的军事家，其军事思想被后人认为是中国古代兵书、兵法、战略、战术等一整套军事理论学说的源头。

姜子牙的军事谋略思想可以概括为四个方面：一、文武兼备，修德禁暴，主张先文后武，以德行而非暴力悦服万民；二、全胜不斗，不战而胜，这是对军事谋略的重视，强调用兵行道，以文事伐人；三、全知敌情，以求全胜，即要想战胜敌人，就要对敌情十分了解，对敌人的情况进行全面的审视；四、把握时机，智勇者胜，姜子牙认为战争是敌我双方智力、勇力的比拼，把握好战机，并在此基础上充分发挥智勇的作用，才能获得胜利。

姜子牙的军事谋略思想还包括举贤用人、兵农合一、以奇制胜、以弱胜强、以少胜多、不厌诈为、赏罚分明等，将政治与军事、制兵与治国紧密联系在一起，富于整体性、合理性、精辟性，其中很多理论谋略，如以少胜多、顺应自然之道等，与道家的哲学思想都是相互统一的。

事实上，先秦兵书中所反映的战争原理均可从道家的"常道"中找到思想渊源，可见兵家与道家的渊源之深，道家思想对于兵家的影响之大。

二、兵道：用兵当以道为本

"顺应规律的发展，正确应用自然法则，战争才能胜利，天下才会久治"，是先秦兵书朴素唯物主义世界观的一种重要思想。世间万物的运行都有其规律，战争也不例外，只有懂得并把握战争发展变化的一般规律，才能提高实战的成功率。先秦兵家将这一规律称为"道"。

"兵道"是中国古代军事理论的要义，在军事谋略中占据着重要地位，正如《孙子兵法·始计篇》中所说："兵者，诡道也。"

兵家对于"兵道"的论述，以孙武最为著名。先秦兵书继承了"心灵专一"的境界形态，并将其升华用在了复杂的战争形势中。《孙子兵法·军争篇》说："夫金鼓旌旗者，所以一人之耳目也；人既专一，则勇者不得独进，怯者不得独退，此用众之法也。"说明战争时锣鼓旌旗的作用在于统一士兵的耳目，耳目一致就会全神贯注，进而使得全军上下整齐划一，行动不乱。对此，孙武还指出了一个用兵之道"一"，表示善用兵者能够使整个部队号令统一，率全军如领一人，他认为必须使"军队"这一工具达到统一、集中、和谐的根本要求。

孙武认为"兵道"不仅是用兵之道，也是一种在现实情况下发动战争应当遵循的原则。孙武在《孙子兵法·始计篇》中提道："兵者，国之大事，死生之地，存亡之道，不可不察也。"在这段论述里，孙武将军事斗争放到了与国家生死存亡相关的重要位置上，认为制定军事策略是君主应当具备的能力。孙武的这一观点，源于他对当时战争的认识。在孙武看来，各诸侯国之间的战争大多是"无义之战"，对于胜败双方都是无利的，只会造成国家严重受损甚至灭亡。所以，国家切不可开启战争机器，而一旦发动战争，就务必要有获胜的把握，否则，就会有亡国的危险。

孙膑继承并发展了孙武的军事思想，并对"道"有着自己的见解。首先表现在他对用兵意义的认识上，他说："夫兵者，非士恒势也。此先王之傅道也。战胜，则所以在亡国而继绝世也。战不胜，则所以削地而危社稷也。是故兵者不可不察。"孙膑认为用兵没有永恒的道理，胜利

第六章　兵家：用兵有道，百战不殆

不是靠贪求就能取得的，而战争的胜利与否，关乎国家的存亡，用兵一定不可轻率，要做好充足准备，这与孙武的观点基本上是一致的。

孙膑对于"道"的重视是非比寻常的，《孙膑兵法》中关于"道"的论述多达五十余处。他认为指挥战争者必须通晓用兵之道，掌握灵活机变的战略战术，统兵不仅要知兵，更要达于道。

孙膑所谓的"道"，主要是指修仁义而得人心，如"求其道，国故长久""其利在于信，其德在于道"。孙膑对于"道"的理解，既包含了儒家的道德教化思想，又吸收了道家顺乎自然之道的主张。

事实上，兵家对于"道"的理解可以概括为一种人生、社会所达到的至高无上的境界，与儒家主张以"周礼"为规范的理想社会是一致的。兵家将这种"道"融于战略思想中，将政治、民心与战争联系起来，提出了将帅既要通晓自然、社会的一般规律，又要掌握战争的特有规律的要求。

三、认识论——知彼知己

"知彼知己,百战不殆"出自《孙子兵法·谋略篇》,是兵家认识论思想的重要内容,也是孙武军事思想中最为精华的部分。同时,这一原则还远远超出战争范围,适用于人们生活工作的方方面面。

孙子对"知"在战争中的作用是极为重视的,《孙子兵法》全篇中"知"字出现了七十余次。孙子认为,对于战争来说,"知"是前提,也是获胜的基础。

孙子对"知"的论述有一个完整的思想体系,具有全面性、深刻性、前瞻性、科学性等特质,主要包含知的认识、知的要求、知的方法等几方面的内容。

"知彼知己",从狭义上来说,就是了解敌我双方的战时情况;从广义上来说,是指包括彼己战时情况在内的各种相关情况。在孙子看来,熟知敌我双方的"道、天、

第六章 兵家：用兵有道，百战不殆

地、将、法"等情况是制定战略战术的前提，只有这样，战争才有获胜的把握。

在孙子的"知战"论中，有一个反复强调的指导思想，即"先知"，所谓"明君贤将所以动而胜人，成功出于众者，先知也"。只有先知，才能有充足的时间制订正确的作战计划，才能给己方留下充分的余地以应对可能的变化，才能保证作战时"动而不迷，举而不穷"。

对于"先知"，孙子有着超越一般人的远见，他说："先知者，不可取于鬼神，不可象于事，不可验于度。"在当时普遍依从天象，敬拜鬼神和天地来进行决策的情况下，孙子鲜明地提出"不取鬼神""不象于事""不验于度"的具有唯物主义色彩的观点，是极具勇气和批判精神的。

那么，如果不使用这些"主流"的途径，如何才能实现"先知"呢？孙子也给出了具体的方法，可以简单归纳为三个字：间、相、探。

由于从难易程度上来看，知彼比知己要更难，从行动上来说，知己是基础，知彼才是目的，所以孙武所阐述的实现"先知"的方法主要是针对"知彼"来说的。

"间"，即使用间谍。孙子在阐述"先知"时就提到"先知者，必取于人也，知敌之情者也"。他在《用间篇》

详细介绍了如何用间谍侦察敌情,对用间谍的重要性、间谍的类型、间谍应具备的特质,以及间谍的使用原则和间谍的活动都做了高度的理论概括。

"相",即通过观察敌军的动静来判断军情。在《行军篇》中,孙子给出了三十三种相敌的方法,可分为战前侦察、战时侦察、战斗间隙侦察,具体有"相敌阵地""相草木鸟兽""相敌饥渴劳""相敌营地外状况"等各种因人、因事、因物的相法,对草木、飞尘等有所利用。

"探",是指在临战的情况下对敌情的快速把握。在《虚实篇》中,孙子提出了四种试探方式,即策、作、形、角。

"策",是指在与敌人对阵时,根据敌我双方的物资和心理状态对敌情进行估量;"作",是指挑动敌人,然后根据敌方动静进一步探明其活动规律;"形",是指先故意将我方的一些情况暴露给敌人,再根据敌人的反应,进一步摸清其部署;"角",是用一定的兵力试攻敌人,以进一步查明敌人的虚实。

孙子的这些方法为实现"先知"提供了充足的可能性,但要达到"尽知"的境界,还需要对探知的敌情进行深入分析和谋划。首先要扩大情报的来源范围,多渠道搜集情报,为分析、研究奠定可靠基础;在此基础上,对敌

第六章 兵家：用兵有道，百战不殆

情进行定量分析，并运用唯物主义辩证的观点进行定性分析。关于对战况的分析判断，孙子还提出了"五事七计"和"庙算"的主张。

孙子"知彼知己"的认识论思想是军事作战的第一要则，放在今天，对于人们在经济全球化、文化多元化的情况下化解日趋复杂、多变的矛盾亦有帮助。

四、军事辩证法的具体应用

"辩证"思维是兵家最为注重的思维模式,中国历代优秀的兵家都善于辩证看待自己所处时代的军事和战争问题,进而形成"攻无不克,战无不胜"的战争指导艺术。

从春秋战国开始,以孙子、孙膑为代表的一众军事谋略家、政治家就已经系统地运用朴素的辩证思维认识、分析和指导军事斗争了。此后又经历代兵家不断丰富、发展、升华,形成了独具特色的军事辩证法思想,具体包含以下几个要点。

战略目标的确定:全与破

"全"与"破"是中国传统军事思想中一对极其重要的概念,由孙子最先提出。《孙子兵法》中说:"凡用兵之法,全国为上,破国次之;全军为上,破军次之;全旅为上,破旅次之;全伍为上,破伍次之。"孙子所谓的"全",

即全胜,是指用最小代价取得胜利。"破"就是破胜,是指有所损伤的胜利。孙子将"胜"分成三个层次:第一层次是全己全敌而胜,也就是己方用最小代价使敌方完全屈服的胜利,通常表现为使用计策手段让敌方直接投降;第二层次是全己破敌而胜,即在保证己方损失最小的情况下获胜;第三层次是破己破敌而胜,即硬碰硬获取的己方也有损失的胜利。

战略重心的把握:虚与实

孙子曰:"夫兵形象水,水之行,避高而趋下,兵之胜,避实而击虚。"孙子所说的"避实击虚",从字面意思看,就是避开对方实力雄厚的部分,而打击其薄弱环节,实际上包含着以己之长攻敌之短,以己之强攻敌之弱的意思。要做到这一点,就必须了解敌我双方的情况,并且能够想办法对敌人的虚实进行转换。

战略路线的选择:迂与直

"迂"与"直"也是中国传统辩证思想的一对重要概念。在《孙子兵法·军争篇》中,孙子说道:"军争之难者,以迂为直,以患为利。故迂其途,而诱之以利,后人发,先人至,此知迂直之计者也。"迂和直本义是指军队前进时走的弯路和直路,行军打仗时,那些看似平坦宽敞的大道反而经常杀机四伏,而一些遥远崎岖的小路却容易被忽视，反倒成为行军的"坦途"，延伸到战略层面则是间接制胜思想和直接制胜思想。

战略力量的分配：专与分

专，即集中兵力；分，即分散兵力。一般情况下，战争中应该尽可能地以我之专对敌之分，集中优势兵力对敌人各个击破。但是，在实际作战中，并不能一味强调"专"而忽略"分"的作用，专与分要因时、因人、因地制宜，如《何博士备论·苻坚论上》说："盖兵有寡众，势有分合，以寡而遇众，其势宜合，以众而遇众，其势宜分。"

战略手段的使用：奇与正

"奇"与"正"的概念最早见于老子《道德经》："以正治国，以奇用兵。"孙子将其应用于作战方面，认为奇与正是相互依存、不断循环的，在战争中运用奇正，还需把握奇正的变化。对于"奇正"的意思，孙膑解释道："同不足以相胜也，故以异为奇也。"孙膑认为"奇"就是特殊，"奇"隐而未发，发而为"正"。《唐太宗李卫公问对》中则对"奇正"做了更全面的阐述："善用兵者，无不正，无不奇，使敌莫测。"说的是奇与正本质上没有区别，是相对而言的，可互相转换。

第六章　兵家：用兵有道，百战不殆

战略实施的变化：刚与柔

在军事问题上，道家重"柔"，兵家重"刚"，刚柔并用是中国传统军事辩证思想中最璀璨的所在。老子认为天下至柔可克天下至坚，将这一观点运用到军事战略中就形成了"守柔"，即韬光养晦，按兵不动积蓄力量，也可看作是"软实力"。"柔"与"刚"相结合，就形成了我国独具特色的刚柔并济、以柔胜刚的军事辩证思想。

中国传统军事辩证思想经历了千年光阴，至今依然闪耀着灿烂的光芒，在我国乃至世界舞台上都有着不可撼动的地位。

第七章

其他各家代表性哲学思想

一、医家：药王孙思邈的哲学思想

医家泛指所有从医的人，是研究医学理论的学派。医家哲学是在对医学的探究之上吸收儒、道、墨等多家的思想形成的，兼具各家色彩，这从药王孙思邈的哲学思想中就可以看出。

孙思邈是唐代的著名医生，也是一位杰出的医药家。孙思邈幼时曾得过一场重病，四处求医问药，荡尽家财，这样的经历促使他到成年时立志研究医学。

孙思邈在医药领域成就颇丰，对病理学、药物学、针灸学、诊断学等领域学问内容的收集和整理都有很大的贡献，其高尚的医德和精湛的医术被广为传颂。除此之外，孙思邈对老庄及百家之说也颇有研究，他的思想也闪耀着哲学的光辉。

关于孙思邈的哲学思想，首先要从他的宇宙观说起。

第七章 其他各家代表性哲学思想

孙思邈从唯物主义的角度看待世界，认为世界是运动的，且这种运动是通过相互制约、相互联系进行的。他曾在《千金要方》中说道："清浊剖判，上下攸分，三才肇基，五行俶落。"又说："天有四明五行，寒暑迭代，其转运也，和而为雨，怒而为风，凝而为霜雪，张而为霓虹，此天地之常数也。"孙思邈认为天地日月的形成源于元始混沌的气，四时变化、天气现象也都有它的客观规律。他还由天及人，说明人的气色好坏、声音强弱等也是人体内五脏运行的结果，由此提出了"天人相应"的观点，认为天与人之间是有着本质联系的，自然界与人的运动规律是一致的，如果违背了这种规律，就会发生不好的事情，于自然界就是各种灾害现象，于人就是各类疾病灾祸。而对于灾害要采取针对性的措施，对于疾病就要对症下药。

孙思邈作为一名医生，也常常炼制丹药，但是他的这一举措并没有严重的迷信色彩，反而使他更加明晰了某些物质的变化过程。孙思邈在其诗作《四言诗》中详细描述了他的炼丹经过，将硫、炭、硝三种物质由量变到质

古代中医与《千金方》

变的过程完整地记录了下来。唐末宋初时，有人将孙思邈的硫、炭、硝配方加以改进，发明了火药，并将其应用到了战争中，为人类武器史带来了革新。

孙思邈没有将灾害疾病的产生归咎于鬼神，也没有将解决的途径寄托于鬼神，他以增进人类健康为目的而从事炼丹活动，还在这一过程中观察物质的细微运动变化，这是坚定的唯物主义者的表现。

在坚实的唯物主义思想上，孙思邈还建立起了具有创新精神的认识论。孙思邈在总结前代医学成就的基础上，提出了医学与哲学相结合的课题，并强调要重视吸收边缘科学的知识。他的这一观点体现了辩证法认识论的规律。医学从来不是一门独立的学科，要成为好的医者，在医学上有所作为，除了结合临床实践、熟读医学经典著作、吸收前人经验外，还要深入领会《周易》《道德经》《黄帝内经》等著作中蕴含的哲学妙理，以及天文地理各方面的知识，做到博览群书，触类旁通。

在实际的行医治病、探索学问的经历中，孙思邈还总结出了"胆欲大而心欲小，智欲圆而行欲方"的行事准则，要求医者在治疗时一定要细心准确，一旦确定了正确的方案，就要大胆去施治，这说明的是知行即智慧、知识和行动、实践之间辩证统一的关系。

第七章　其他各家代表性哲学思想

唯物主义哲学思想是孙思邈研究医学的主导思想，是他在医学领域敢于改革和创新的主要动力，也是他在医学领域取得如此伟大成就的根本所在。

二、名家：濠梁之辩与白马非马

"濠梁之辩"和"白马非马"分别是名家以惠施为代表的合同异派和以公孙龙为代表的离坚白派的著名论题，我们从这两个论题切入，对名家两个派系的哲学思想进行简单的了解。

"濠梁之辩"出自《庄子·秋水篇》，讲的是庄子和惠子围绕"鱼之乐"进行辩论的故事。濠梁之辩之所以受到人们的广泛关注，就在于它的哲学意义。在这次辩论中，庄子看似取得了最后的"胜利"，但其实"胜之不武"。

"濠梁之辩"的辩论焦点是"异类能不能相比相知"的问题。庄子原本所持有的是"子可以感知鱼"的观点，根据"鱼出游从容"断定是"鱼之乐"。惠子则用"子非鱼"进行反驳，认为"子"和"鱼"是异类，不存在相比相知的问题。这反映出来的是两者认知思维方式的差异，庄子偏重美学上的移情，把人的情感转移到了物上，即用"我的内心世界"替换了"鱼的快乐"；而惠子偏重逻辑分析与理性思辨，对事物持有寻根究底的认知态度，所以提出"怎么知鱼乐"。

之后，庄子用"子非我"进行了反驳，表面上使用的是归谬法，但实际上进行了话题偷换，把异类的"子和鱼"换成了同类的"子和我"，这违反了辩论中"论题"必须统一的要求。于是惠子马上提出了新的反驳，不过遗憾的是惠子并没有抓住庄子辩论中真正的漏洞，而是以"我不是你，本来就不知道你；你不是鱼，所以你也不知道鱼"这样前后矛盾的观点，使自己与庄子同时陷入了困境。最后，庄子为了走出困境，故意转移话题，偷换概念，将"安"的意思进行曲解，把"你怎么知道鱼的快乐"偷换成"你在哪里知道鱼的快乐"，进而回答"在濠梁"上，用这种强盗逻辑取得了胜利。

综上，可以说"濠梁之辩"实际上是没有赢家的，归根结底不过是庄子、惠子二人看待事物的角度、侧重点不同。庄子注重感性，代表的是忘我物化的艺术精神；惠子注重思辨，代表的是"遍为万物说"的理智精神。

"白马非马"是名家另一个著名逻辑问题，出自《公孙龙·白马论》。公孙龙有一次骑白马进城，被守卫拦住了，理由是依照规定马不能进城，于是公孙龙就开始论证"白马非马"，最后成功说服守卫，骑马进了城。

公孙龙是如何辩论的呢？其实很简单，公孙龙说，"马"是指马的形态，而"白马"是指马的颜色，颜色不等同于形态，所以白马非马。事实上，公孙龙是利用了卫兵思辨能力较弱的短板，进行了概念的偷换，是典型的诡辩。

这一诡辩的关键在于一个"是"字，"是"有两层含义，一个表示"属于、被包含于"，例如狗是动物，表示狗属于动物一类；另一个表示"等于"，例如袁隆平是杂交水稻之父，就可以认为袁隆平等于杂交水稻之父。

守卫说："马不能进城，白马是马，所以白马不能进城。"这里的"是"表示"属于"。而公孙龙论述的"白马不是马"中的"是"却是"等于"的意思，守卫大概是被绕晕了头，没反应过来，所以认可了公孙龙的论证，放他骑马进城了。

作为名家的有名辩手，公孙龙在和别人辩论时，常使用诘难句式，揭露对方的矛盾，而对于对方的反驳，他也总能巧妙应对，他的辩论标新立异，犀利灵通，多为"诡辩"，而这也正彰显了他超强的思辨能力以及对事物的认知特点。

三、杂家：《吕氏春秋》中的哲学

> 杂家是战国末期因思想文化高度交融而出现的哲学学派，为诸子百家之一，其代表人物有战国思想家吕不韦、西汉淮南王刘安等。《吕氏春秋》正是由吕不韦主导编撰的，是杂家的代表著作之一。

杂家思想的特点是"兼儒墨，合名法"，以博采各家之说著称。纪晓岚曾在《杂家类叙》中说"杂之广义，无所不包"，说的也是同样的意思，而这从杂家典籍《吕氏春秋》中可见一斑。

《吕氏春秋》又称《吕览》，作于战国末期，当时正处于秦统一六国的前夕，为了给秦王朝统治提供新理论，身为秦国丞相的吕不韦组织门客编写了这部典籍。

《吕氏春秋》的主题之一是生命哲学，内容包括性命论和形神论两个方面，它所探讨的哲学基本问题是——生命的本质、价值和意义是什么？人们应当如何对待自己的生命？

在了解这一命题之前，首先，我们要弄清楚两个概念——"本原"和"本体"。"本原"是就宇宙生成论而言，可以理解为根源、根本；而"本体"是就生命现象而言的，是指生命的潜在质体或本质。

《吕氏春秋·太乐篇》曰："太一出两仪，两仪出阴阳，阴阳变化，一上一下，合而成章。"又曰："万物所出，造于太一，化于阴阳。"意思是说天地阴阳、日月星辰、四时万物都是出自"太一"，也就是说"太一"是生命的本原，而后又在下文指出"太一"的本质是"道"，并论述了"道"生世界的过程：太一（道）—两仪（天地）—阴阳—日月星辰—四时万物。

这种以"太一"或"道"为生命本原的主张是对老子的"道生万物"的继承，但与此同时，《吕氏春秋》也提出了新的观点。

《吕氏春秋》认为"精气"存在于天地之间，可以构成和充实万物。这种生成论有两个特点：一是从世界整体来说，"精气"是恒常弥散而周流的；二是从具体事物的角度来看，"精气"是相对聚集而静止的。"精气"是无形的，它不能塑造或创造物体的具体形式，但却是其功能性质的形成根本。并且，"精气"作为生命力的本原，还具有养生意义，只有保证体内的"精气"流动不止，身体才会健康，精神才会饱满。

除了"精气"，《吕氏春秋》把"性命"也看作生命现象的本体。"性"的概念出自庄子学派，有"固然本有""所受于天"的内涵，《吕氏春秋》将"欲""情""爱""力"等看作"性"的内容。"命"从天命的角度可理解为"命分"，从生死的角度可理解为"命限"。

《吕氏春秋》从"精气"和"性命"两个概念出发，将"精气"看作智慧能力之源，将"性命"看作人的生质和命分，深化了对生命的理解，进而在此基础上提出了"本生""贵生"和"重己"三种对待生命的观点。

"本生"，即推原生命之本，这里的"本"具体指"性"或"性命"，通俗点说就是要推崇、滋养人的固有命分，使其尽可能少受到外物的扰乱。《吕氏春秋·本生篇》用"水之清浊"为例对此进行了说明：水之性本清，若以壤土汨乱之，就会变得浑浊。

"贵生"，也称"尊生""重生"，意思是以生命为贵。杂家认为功名利禄、欲望渴求等都是身外之物，应当轻之，"完身养生，尊重生命"才是人生最应该做的事情。"贵生"思想共包含三个要点：其一是控制嗜欲的"贵生之术"，即防止贪欲堕毁生命；其二是如何做到"贵生"，方法是轻利、轻天下；其三是"贵生"的根本宗旨是有尊严地、快乐地活着。

"重己"，即以己身为重。事实上，"贵生"是包含"重己"之意的，而后者的特别之处在于着重强调人应当以自己的生命为最重，而后是声色滋味，权势富贵最轻。

《吕氏春秋》的哲学思想，虽然从整体上看持道家自然主义态度，但其实它也有自己的思想逻辑和宗旨，反映出了杂家对于宇宙、生命和人生的独到见解。

四、农家：从农业认识世界

农家尊神农氏为祖师，是专注于农业生产、反映农民思想的学术流派。吕思勉在《先秦学术概论》中把农家分为了两派：一派关心种植之事，一派关涉政治。作为这样一个同时涉足于农业和政治的学派，农家的哲学思想是怎样的呢？

农家思想的最大特点就是从农业的视角去认识自然万物，将农业上的规律性经验提升为治国安邦的策略。农家哲学思想是从农业认识世界而形成的一种世界观、社会历史观，例如农家眼中的"天"，代表的是农业生产中一切不可控制的自然因素的综合；农家的眼中的"时"，是指可以利用的自然因素，如节气。

农家哲学思想的特点和主要内容在其经典著作《齐民要术》中有集中体现，具体表现为自然哲学思想、社会历史观以及唯物辩证主义方法。

中华传统哲学认为，宇宙万物可分成天、地、人三个不同层次且相互制约的系统，同时三大系统又合成一个大的有机整体，而道贯穿统摄这三大系统，是其最自然、最根本的总规律和总过程，这就是所谓的"三材之道"。

古代农业实践活动在一定程度上促进和影响了"三材"论宇宙观的形成和发展，而后者也在相当大的程度上决定了中华传统农学的发展方向，即从朴素唯物主义的角度出发，着重研究作物与自然、作物与人、作物彼此之间的关系，进而形成朴素的生态农学。

对此，《齐民要术》中有不少经典的论述，如"凡谷，成熟有早晚，苗秆有高下，收实有多少，质性有强弱，米味有美恶，粒实有息耗。地势有良薄，山泽有异宜"。贾思勰认为，不同作物的生长有不同的规律和特点，不同的自然条件也因不同的特点适合不同的作物，进而又提出了"顺天时，量地利，则用力少而成功多，任情返道，劳而无获"，强调人们在农业生产时要遵循因时、因地制宜的原则，发挥人的主观能动性，以

达到事半功倍的效果。

从春秋战国到两汉魏晋，古人们在论述农业问题时，都是把"天、地、人"作为依据，并在此基础上不断发展古代农业生态观。贾思勰则在传统"三材"论宇宙观的基础上，结合农业生产活动形成了自己的自然哲学思想，并以此为依据构建起了《齐民要术》中"天、地、人"三者和谐统一的思想体系。

此外，贾思勰还将农业与社会政治联系在一起，从统治者统治社会的需要出发，形成了富含唯物史观和历史辩证法的社会历史观，具体从以下三个方面来阐述。

其一，以人事为本。《齐民要术》序言写道："盖神农以耒耜，以利天下；尧命四子，敬授民时……要在安民，富而教之。"作者根据古代社会发展的历程，将生产器具、农业气象知识、土地制度、教育方式等人类发明的技术和政策措施作为社会稳定与发展的前提，认为圣明的统治者应当将解决百姓贫困的问题放在首位，努力发展经济。

其二，强本节用，民食为天。《齐民要术·种谷》云："食者民之本，民者国之本，国者君之本。"贾思勰认为治理国家的关键在于要让人民安居乐业，衣食无忧，而人民最基本的生活资料来源即是农业生产，因此，农业应该被高度重视起来。不过，作者虽然提倡大力发展农业，但也认为在这一过程中要注意节约开支，减少不必要的消耗。

其三，食足知礼。贾思勰引用《管子》中的观点，认为"仓廪实，知礼节；衣食足，知荣辱"，物质满足是保证社会伦理道德践行的基础。

《齐民要术》在具体论述耕作制度和农业技术的过程中，也始终坚持朴素的唯物辩证的思维方法。如《齐民要术》中根据血气、骨气等对马进行优劣等级划分，是对"元气论"的具体应用；贾思勰辩证看待多与少、善与恶的关系，对精耕细作制度进行了丰富的理论论证，他还运用矛盾统一的辩证思维方法，对"种谷"做了具体而生动的论述。

贾思勰将中国古代朴素的唯物主义和朴素辩证法的哲学精华作为《齐民要术》的指导思想和理论基础，使得该书同时具备了超高的农业科技价值和理论价值，对后世的农业科技发展产生了巨大影响。

五、纵横家：无鬼神，重实践

> 纵横家是战国时期由谋略始祖鬼谷子创立的，专门从事政治、外交活动的学术流派。纵横家活跃于战国、秦汉之际的历史舞台，擅长使用权谋策略和言谈辩论的技巧，根据对游说对象心理的揣摩，使用纵横捭阖的手段进行拉拢或分化。

纵横家虽然如昙花一现般仅仅显赫一时便很快衰落，但其所进行的频繁外交活动和丰富的谋略实践，以及各个传奇代表性人物的涌现，使其在中国历史上留下了厚重的一笔。

很长一段时间，由于刘歆"纵横家者流，盖出于行人之官，遭变用权，受命而不受辞"之说的影响以及儒学对纵横家的排斥，纵横家备受冷落，且一度被认为是无学术更无哲学的流派。事实上，当人们追寻纵横家的历史足迹，深入研究相关典籍后，就会发现，纵横家不仅有自己的学术，也有丰富的哲学理念。

春秋时期，古人论天人关系，总是将人与鬼、神相对而言，承认鬼神的存在。而纵横家则公开否认鬼神，对于天命持鲜明的否定态度。

纵横家典籍《战国策》中记载了这样一个故事：秦国的宣太后有一个宠臣叫魏丑夫，宣太后病重将死时，下令让魏丑夫殉葬。大臣庸芮提出"死者无知"的命题，认为人死后是没有意识的，不能以任何其他形式存在，成功说服了宣太后放弃活人殉葬。《战国策》以赞赏的态度对这件事情进行叙述，足以表明其无神论倾向。

公元前273年，秦国打败赵魏联军，围困了魏都大梁，纵横家须贾为说服秦退兵，引用了《尚书·康诰》中的"唯命不于常"，认为天命无常，只有人事才是可靠依据，正面反映了纵横家的无神论主张。

无神论虽不等同于唯物主义，但却是促进唯物主义发展的重要存在。纵横家否定天命鬼神而高度信赖人事，肯定物质的第一性，承认客观存在，认识到事物运行规律是不以人的意志为转移的，事情成功需要成熟的客观条件和恰当的机遇。

从中不难发现，纵横家是一个务实的学派，他们注重实践，尊重人事，主张人通过自己的努力去达到想要的结

第七章　其他各家代表性哲学思想

果。在这样的大前提下，纵横家在合纵连横的实践活动中，将对历史、政治、军事等方面的认识和感受转化为了朴素的辩证法。

在纵横家看来，宇宙万物都是在不断运动变化的，且这种运动变化是有规律的，是客观存在的。《战国策·秦策》说："日中则移，月满则亏，物盛则衰，天之常数也；进退、盈缩、变化，圣人之常道也。"

对于事物变化的具体过程，纵横家将其概括为"积薄而为厚，积少而成多"，认为其是一个由量变到质变的过程。这个过程放到社会实践中，表现出来的则是"转祸而为福，因败而为功"的不断进取。

纵横家在对朴素的辩证法深刻理解的基础上，对概念、判断和推理等形式以及归纳、演绎等方法都有着灵活的运用。其中，由微类推法、类从推理法和历史比照法是纵横家常用的思维方法。

"由微类推"就是由微小推论宏大，由个别扩展到一般，纵横家们常用这种方法从个别事物中悟出真理，再据此设计方案以说服权贵。"类从推理"，即根据已知的事物推论类似未知事物的发展，纵横家在使用此方法时，一般会从人们熟知的事物入手说明道理，再用这个道理去认识新的事物，如用寓言故事说明哲理。"历史比照"，即列举前朝的历史事实，来推论现实的未知事物，预测其发展趋势，这实际上是由一般到特殊的演绎。

对无神论和朴素辩证法的推崇和发展，使得纵横家们具备了超强的自我意识，激励着他们以主体的姿态傲视一切，通过不断提升自我、奋力进取掌握自己的命运，进而改变现实，驾驭社会，成为客观世界的主人。

纵横家是一个富于实践精神的派别，他们的哲学理念指导着他们的学术发展，也指导着他们的政治、外交实践活动。

六、阴阳家：研究阴阳五行的学派

阴阳家是战国时期由齐国人邹衍创建的哲学流派，其学问的核心内容为阴阳五行，它将阴阳五行学说与数术思想相结合，发展出了规模宏大的宇宙观图式，借以尝试解说自然现象的成因和自然万物的变化法则。

阴阳家的阴阳学说是中华民族最重要的哲学思维之一，主要包含阴阳说和五行说。

"阴阳说"认为阴和阳是事物体内两种互相消长、均衡协调的力量，这种力量维持着宇宙万物的生成变化。"五行说"是指由"金、木、水、火、土"五种基本元素不断循环变化的理论发展而出的"五行相生相克"理念。"阴阳""五行"的概念在很早以前就已经出现了，到战国时代，阴阳和五行渐渐合流，形成一种以"阴阳消长，五行转移"为理论基础的宇宙观。

从"阴阳""五行"观念来看，阴阳家与儒家有着不可分割的联系。

"阴阳""五行"观点是古代哲学的萌芽，这在古老的哲学典籍《易经》中就有所显现。先秦时期，道家《道德经》与儒家《易经》中均对"阴阳"观念有更深入的阐述，《尚书》中则对"五行"观念做了相应解释。

战国后期，随着天文学和地理学知识的发展，以邹衍为代表的阴阳学派得以出现，他们将"阴阳"和"五行"观念相结合，因此又称"阴阳五行家"。

《史记·孟子荀卿列传》中形容邹衍"深观阴阳消息，而作怪迂之变""其余闳大不经，必验小物，推而大之，至于无垠"。意思是说，邹衍既懂天文地理，又会数术懂怪迂之变，其思想是科学与迷信的混杂。而儒家也受阴阳数术思想影响颇深，如孔子曾说："凤鸟不至，河不出图，吾已矣夫。"古代，凤鸟、河图是代表祥瑞的事物，被认为是接受天命的征兆，孔子因久未见凤鸟、河图一类的

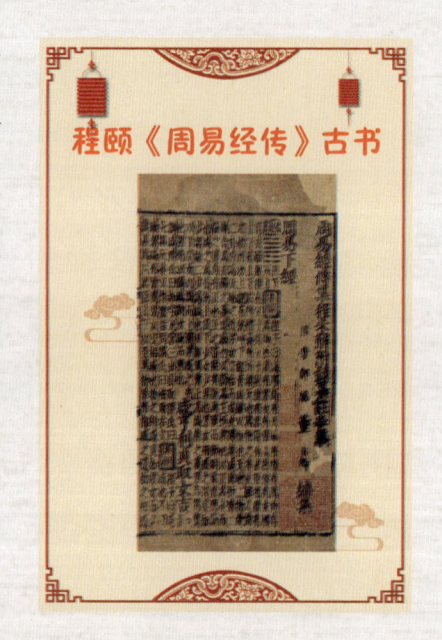

程颐《周易经传》古书

第七章 其他各家代表性哲学思想

祥瑞之物，而以为复兴周朝的愿望难以实现，故发出天命将终的感叹，这实际上就是迷信的表现。

随着对"阴阳五行"观念的研究深入，邹衍提出了"五德始终说"，他将五行金、木、水、火、土说成五种相生相克的德行，并以此论述朝代更替。以夏商周为例，夏代表木德，商代表金德，周代表火德，因而商灭夏，却又被周取代。这种学说迎合了当时各国争霸的理论需要，因此备受推崇，亦被儒家所赞同和借用。

到汉代时，阴阳学派的思想又对当时的儒学大家董仲舒产生了重要影响。董仲舒将阴阳五行观念与天人感应相结合，建立了一套天人感应学说，以契合政治理论需要。《汉书·五行治》说："董仲舒治《公羊春秋》，始推阴阳，为儒者宗。"董仲舒说："天地之气，合二为一，分为阴阳，判为四时，列为五行。"可以说，在阴阳家与儒家的融合上，董仲舒起到了巨大的作用。

宋代，阴阳学派和董仲舒的思想又被宋儒所吸收改造，成为宋明理学的基础。如北宋理学先驱周敦颐在《太极图说》中曾这样说："阴阳变合而生水火木金土，五行顺布，四时行焉。"认为"五行阴阳"构成宇宙图式，是哲学的最高范畴，这种观点促使了理学产生和发展。此后，程颐、朱熹等都对阴阳五行思想进行了探究和发展，并对其中的数术迷信思想有所摒弃。

事实上，阴阳家和儒家两个学派都将《易经》奉为经典，这也是两者得以融合的契机所在。